大阪

――都市の記憶を掘り起こす

加藤政洋
Kato Masahiro

ちくま新書
1401

大阪——都市の記憶を掘り起こす【目次】

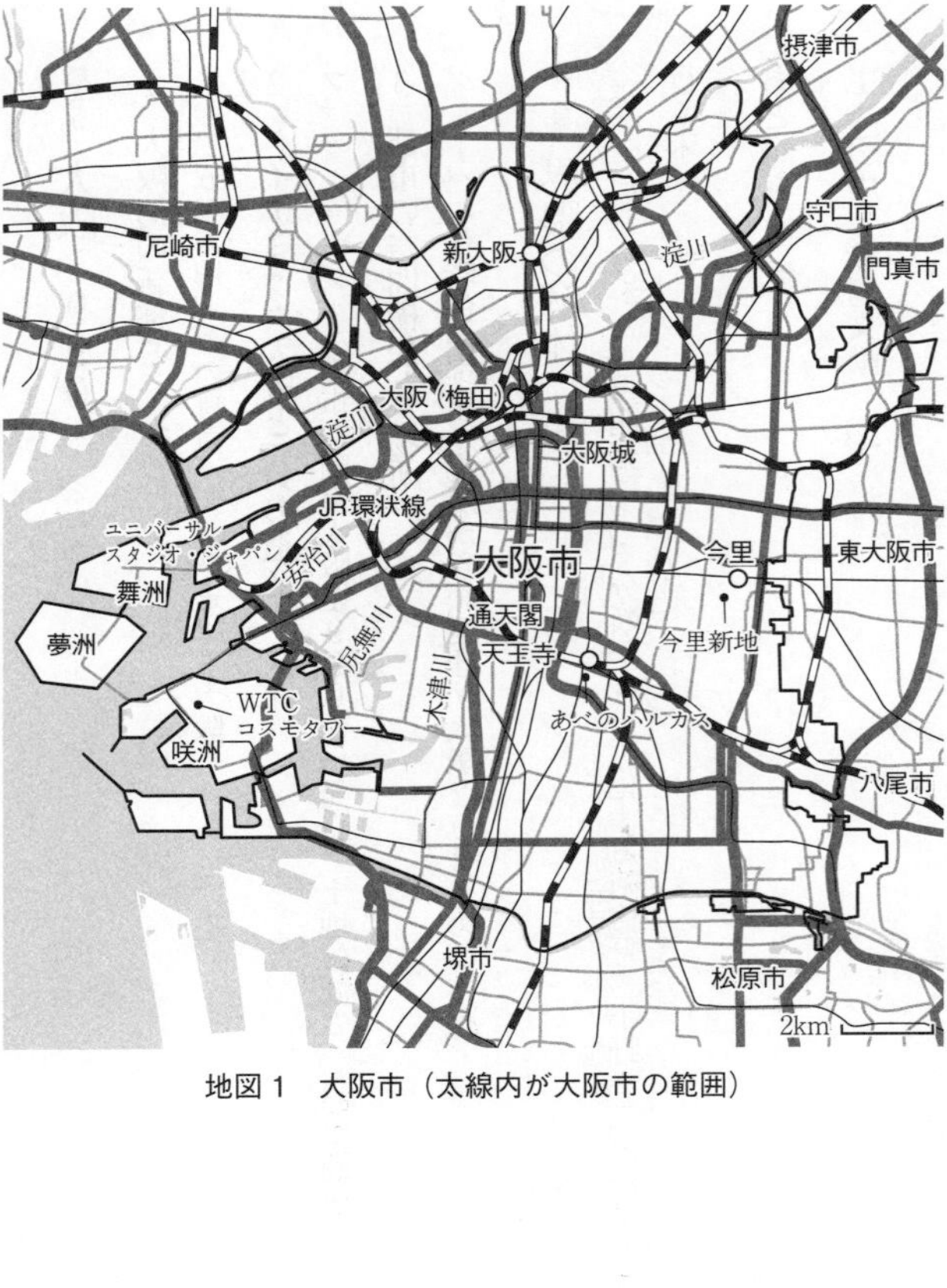

地図1　大阪市（太線内が大阪市の範囲）

序章

路地と横丁の都市空間

1　下水処理場の居住空間

†ポンプ室の上に

大阪市西成区《にしなり》の西端、木津川《きづがわ》に面して、津守《つもり》下水処理場が立地する。この処理場は、昭和六（一九三一）年から十年の歳月と「巨額」を投じて建設され、昭和十五年四月に通水した、大阪市で最初の大型下水処理施設であった。当時、ニューヨークとシカゴに次ぐ規模を誇ったというが（『大阪毎日新聞』昭和十五年四月十一日）、創業から半世紀以上の歳月を経るなかで施設は老朽化し、平成十七（二〇〇五）年四月に新しいポンプ設備が通水したことで、初代の（旧第一）ポンプ室は六十五年間におよぶその役割をしずかに終えた。

敷地面積約十二万三千平方メートルを有する広大な処理場内のほぼ中央に、現在も旧第一ポンプ室の建物がある（図0－1）。閉鎖されて久しいエントランスは、先太りの円柱に、丸みを帯びた階上部分があいまってじつにモダーンだ。地上三階建てのポンプ室は、地階から二階までが吹き抜けで、最下部に複数の巨大な揚水機が設置されている。ポンプの銘板には「昭和九年三月」とある。素人目には、処理能力はともかく、今すぐにでも稼働できそうにみえた。

興味を惹かれるのは、ポンプ室の階上にあたる三階部分である（図0－2）。階段をあがると、建物の端から端まで廊下が一直線に延びており、入ってすぐの右手には「事務室」と表札のかかった大部屋が、それにつづく廊下の両側には、なんと十四戸分もの戸別の住居スペースがならんでいた。下水処理施設に働く人たちの（世帯向け）公舎であったのだ。今風に言えば3LDKで、みごとな欄間に床の間など、なかなかに立派な住まいである。廊下の格子窓には郵便ポストがかけられたままになっているなど、いまだ生活の痕がうかがわれた（図0－3）。

住戸ばかりではない。共同のトイレと風呂が両端に配置されている。まるで街場の銭湯を彷彿《ほうふつ》とさせる脱衣場の棚（ロッカー、図0－4）、天井を見上げると、明かり採りの窓が

図0-1　津守下水処理場旧第一ポンプ室

あった。

　この集合住宅をなによりも特徴づけているのは、各住戸の間に挿入された狭い通路の存在である（図0－5）。その突き当たりには（玄関とは別に）勝手口までつくられているのだ。どのような理念で設計されたのか、そもそも昭和戦前期の日本に、このような施設がほかにあったのか、類する施設をわたしは寡聞にして知らない。

　疑問はつきないまま、屋上へとあがる。東を見やると、上町台地《うえまちだいち》に屹立《きつりつ》する「あべのハルカス」が目に入った。この施設を見学したのは平成二十六（二〇一四）年四月のことだから、開業してまだ間もないころだ。

図 0-2　三階の廊下（上）、図 0-3　玄関とポスト（下）

図 0-4　風呂場のロッカー（上)、図 0-5　路地のような通路（下）

†生活空間としての路地

あらためてこの集合住宅の空間形態に着目してみるとき、特定の現実空間を指し示す、あるひとつの語句が想起される。それは、近代大阪を根底から基礎づけていた空間というべき、「路地」にほかならない。

「路地」という言葉（の響き）から、どのような空間がイメージされるだろう。一般的には「建物と建物の間の狭い道路」を指すが、この語句には注意を要する。というのも、辞書で説明される意味、あるいは東京での使われ方と大阪や京都のそれとでは、まったく内容が異なるからだ。十代までの大半を大阪で過ごした小説家・宇野《うの》浩二《こうじ》（一八九一―一九六一）の言葉を借りるならば、路地を「大阪では『らうぢ』と云《い》ひ……東京で云ふ路地とは意味が違ふ」のである（宇野浩二『大阪』）。東京では狭い道路（通路）を指すにすぎないのだが、大阪のそれはどう違うのだろうか？

表通りに面して町家が建ち並ぶと、ひとつのブロックの中央部には空地が発生する。そこに、表通りの家屋と家屋のあいだから通路を通すと、内部の空地にも家屋（裏長屋）を建設することが可能となる。「路地（ろぅじ）」とは、通路のみならず、内部の家屋までをも含めた空間を指す呼称なのであった。ヴァリエーションは多々あるけれども、今でも京都には、「ろぅじ」が数多く存在している。
　この「通路＋家屋＝生活空間」としての「路地」は、大阪の近代文学におけるモチーフともなった。宇野自身は、小説『十軒路地』と、その「十軒路地」を再訪するエッセーを著したし、宇野の大阪論から多大な影響を受けた織田作之助《おださくのすけ》（一九一三―一九四七、以下「織田作」）もまた、「路地」を描いた作品をいくつも残している。

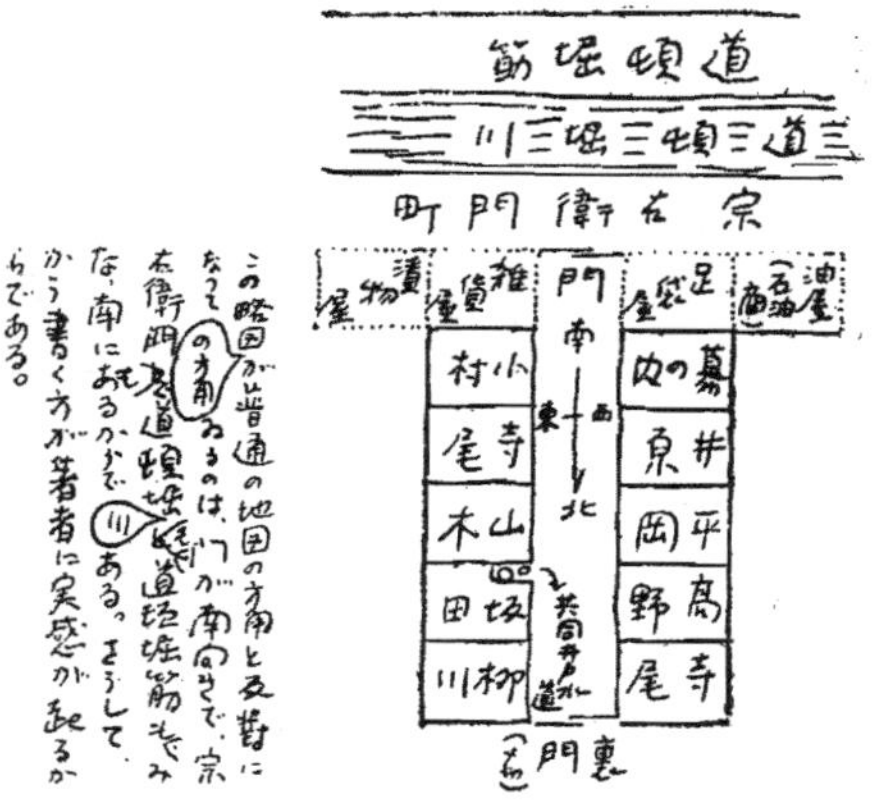

図0-6　宇野浩二の暮らした十軒路地（出典：『大阪』）

　織田作の代表的な作品『わが町』から、「路地」の描写を引用しておこう。

　路地は情けないくらい多く、その町にざっと七〔、〕八十もあろうか。
　いったいに貧乏人の町である。路地裏に住む家族の方が、表通りに住む家族の数よりも多いのだ。

地蔵路地は」の字に抜けられる八十軒長屋である。なか七軒挟んで凵の字に通ずる五十軒長屋は榎路地である。入口と出口が六つもある長屋もある。狸裏《たのき》といい、一軒の平家に四つの家族が同居しているのだ。

銭湯日の丸湯と理髪店朝日軒の間の、せまくるしい路地を突き当たったところの空地を、凵の字に囲んで、七軒長屋があり、河童《がたろ》路地という。（織田作之助『わが町』）

彼の自伝的小説『青春の逆説』にも類似する描写はあるが、ここで注目しておきたいのは、これらの路地が実在したかどうかといった創作上の問題ではなく、「〜路地は……長屋である」とか「〜長屋は……路地である」という、「路地」と「長屋」の互換性である。織田作の叙景は、「抜けられる」かどうかさえわからない通路と、それに沿った裏長屋を一体的な生活空間として捉える概念が、まさに「路地（ろぅじ）」であったことを示しているのだ。

†再現された〈路地〉

津守下水処理場の面する木津川とハルカスの立地する上町台地とに挟まれた空間の歴史地理を想起するとき、ひとつの見立てが可能となるように思われる。旧第一ポンプ室上階の集合住宅は、生活空間としての〈路地〉を取り込んだものなのではないだろうか。

つまり、住宅、共同便所、共同浴場をすぐれて抽象的にモデル化したひとつの空間パッケージ、それがあの集合住宅だったのであり、まさに建築内部に〈路地〉を再現したと考えられるのである。

津守下水処理場の東側にひろがる市街地は、明治後期から大正前期にかけて実施された「耕地整理事業」によって、見事に碁盤目状の土地空間が生産された一帯である。あぜ道を直線化しただけの路幅四メートル未満の狭隘な街路網によって誕生した、一辺の長さが一町（約百十メートル）以上もある正方形の大きな区画は、自然発生的な市街地化の過程で、必然的に、各々の街区内に袋小路や細街路を生み出してしまう（水内俊雄ほか『モダン都市の系譜』）。たとえ、「いったいに貧乏人の町」ではなかったにせよ、零細な工場労働者や日雇い労働者の受け皿となった〈路地〉が、（現・国道26号から）木津川にかけて、分厚く展開されていた。

こうした地理歴史的な条件・文脈のなかで生産された〈路地〉を理想的な空間として抽象化（そして高級化）しつつ再現したのが、ポンプ室上階の集合住宅だったのだ。

2　空間表象としての〈横丁〉

†法善寺裏の食傷通路

路地が近代の大阪的なるものを表象する空間形態のひとつであったとするならば、横丁もまたそのひとつに数えることができるかもしれない。路地と同様、これもやっかいな言葉のひとつである。

たとえば手元にある辞書を繰ってみると、「よこちょう【横町】　表通りから横へ入った町筋〔よこまち〕」とだけあり、「横丁」という字はあてられていない。また『大言海』に目を転じると、「『よこちょう（ヨコチヤウ）』よこまち（横町）ニ同ジ」とし、その「よこまち」では「大通リニ對《たい》シテ、横路ナル町。ヨコチョウ。横街」と説明した上で『好色一代男』（一六八二年）から「車屋ノ黒犬ニ咎メラレテ、又、西ノ横町ヘマハルモヲカシ」という一文をひいている。

少なくとも西鶴の時代から使用されていたことはわかるのだが、大通り／表通りから「横」へ入るという空間的な性格を説明しているに過ぎず、現在一般に使われる略字の「横丁」でもない。これでは何かがたりないのだ。

そこで、モダン大阪に登場した都市空間の漫歩者／観察者たちによる、法善寺《ほうぜんじ》裏の食傷街の叙景を参照してみよう。北尾《きたお》鐐之助《りょうのすけ》（一八八四―一九七〇）は昭和七（一九三二）年に出版された『近代大阪』の「千日前逍遥記」のなかで、「法善寺横町」を次のように描く。

二間《けん》とはない細い路次の両側は、殆《ほとん》ど飲食店。敷きつめた石畳みは、いつも水に濡れて光つてゐる。だからこの路次に生活してゐるすべての人たちは、みな前皮のかゝつた高下駄を穿《は》いて、すさまじい響きをあげながら動いてゐる。

北尾は「細い路次」たる「法善寺横町」を、「飲食街」ないし「食傷街」として見いだした。この描写に触発されたのが織田作之助だ。

……この法善寺にも食物屋はある。いや、あるどころではない、法善寺全体が飲食店である。俗に法善寺横町とよばれる、三人も並んで歩けないくらいの細い路次の両側は、殆ど軒並みに飲食店だ。その中に一軒半えり屋が交っているのも妙だが、この路次の石畳は年中濡れており、路次に生活するひとびとは、殆ど高下駄をはいている。

「大阪の顔」と題された随筆のなかで、織田作はこのように北尾の影響をあらわにしながら、「法善寺横町」の景観を素描していた。ちなみに、「大阪発見」という随筆にも同じ文章がみられるが、そこでは「俗に法善寺横丁とよばれる路地は、まさに食道《しょくどう》である。三人も並んで歩けないほどの細い路地の両側は、殆ど軒並みに飲食店だ」と、「横丁」をもちいている。つまり織田作の路地文学の出発点には、河童路地といった都市下層の生活世界にくわえて、法善寺界隈やその他の横丁など、ミクロな商業空間もふくまれていたことになる。織田作にとって法善寺横丁とは、「もっとも大阪的なところ」であり、「大阪の顔」として表象すべき場所であった。

「大阪的」とは、どういうことか。それは、大正に生まれ昭和を生きる織田作が、「昭和」

には「もはや大阪の伝統的な匂いや勁《つよ》さは薄れている」と述べたことにヒントがある（「大阪論」）。すなわち、「昭和」という時代の都市空間にあって、「大阪の伝統的な匂い」を感じ取ることができるのは、法善寺界隈などの路地や特定の「食物屋」でしかない、ということなのだ。織田作は「横丁」を「大阪のなかの故郷」として、言い方を換えるならば、郷愁《ノスタルジア》を喚起する空間として発見していた。

織田作の放浪時代「昭和」を象徴する都市景観は、ネオンきらびやかな盛り場（道頓《どうとん》堀《ぼり》）、あふれかえらんばかりの商品で埋め尽くされた商店街（心斎橋筋《しんさいばしすじ》）であった――「その都会的な光の洪水に飽いた時、大阪人が再び戻って来るのは、法善寺だ」（「大阪発見」）。

†空間パッケージとしての〈横丁〉

織田作之助は、「昭和」という時代にあって、その突端をゆく盛り場／商店街の片隅に埋もれた横丁に、「大正的」なる空間を幻視していた。そうしたレトロスペクティヴな空間へのまなざしが、いつの間にか現代都市に回帰し、独り歩きをしはじめたのだろうか。現在、なかば商品化されたパッケージのように、あちらこちらの商業施設や地下街に横丁的な空間が嵌《は》め込まれている。

たとえば、阪急梅田《うめだ》駅北側の一階部分にあって、飲食店の集積する「阪急かっぱ横丁」は、その典型である。親しみやすいネーミングとキャラクター、直線的ではない複数の通路に飲食店のひしめくさまは迷路的でさえある。とはいえ、人通りが絶えることはなく、裏街のようなうらぶれた感はない。かつてここには古書店も集まって独特な雰囲気を醸していたが、現在は南側の「うめ茶小路　阪急古書のまち」へと移った。

同じく阪急梅田駅で「うめ茶小路」とは紀伊國屋書店をはさんで西側に位置する、「北《きた》向地蔵尊《むきじぞうそん》」を祀《まつ》った「地蔵横丁」は、狭い路幅で提灯やダウンライトを光源にするなど、通路としての機能性を極力抑えることで、大都市交通の結節点に位置するとは思えない空間の演出に成功している。ほかにＪＲ大阪駅の西側高架下の「梅三小路《うめさんこうじ》」、ＪＲ新大阪駅の「味の小路」、あるいは天王寺の「あべちか」にある「あべの横丁」など、交通施設（ターミナル）に付帯する商業建築には、〈横丁〉を模した空間がじつに多い。

レトロないしノスタルジックな空間という点では、梅田スカイビルの地下にある「滝見《たきみ》小路《こうじ》」をあげねばなるまい。路地奥に小祠《しょうし》を設けたり、旧大淀《おおよど》区の街区表示板を張り付けるなどして、ダウンライト系の照明を効果的にもちいながら、「在りし日」の路地空間を理想的／偽装的に再現している。地理歴史的な文脈とは切り離された景観を、文化商品としての空間に変換した好例と言えるだろう（図0－7）。最近では天保山マーケットプレース内に「昭和40年前後の元気な大阪がここに！」と謳《うた》う「なにわ食いしんぼ横丁」がある。

最新型の商業施設にも、横丁を模した空間が見いだされる。たとえば、阿倍野《あべの》の再開発地区に登場した「キューズタウン」には、地権者向けの「Via あべの Walk」なるゾーンが設定されている。路地裏の洋食の名店「グリル マルヨシ」、かつてはあべの筋に面して立地し、その名をひろく知られていた居酒屋の「明治屋」などもならぶこの一画は、モール内とは明らかに異なる壁の色や照明をほどこし、独特の雰囲気を演出していることともあいまって、飲み屋横丁のような空間となっている。ただし、横丁や小路と呼ぶにはいささか路幅がひろすぎるのだが。

図0–7　滝見小路

どこまでも取って付けた感は否めな

いものの、最新の都市型ショッピングモール「あべのキューズタウン」に組み込まれた「レトロ空間」は、すべてでないにせよ、パーツ（店舗）は正しくこの場所に由来しているわけだ。

機能空間の主要部からは外れた通路や一角、「○○横丁／◇◇小路」などと書かれたゲート、レトロを演出する飲食店、そして時には（擬似的な）場所の記憶を想起させる祭祀施設や諸種の凝った仕掛け……。これら各要素の取り合わせによって、いかようにも景観的に変奏される横丁は、ひとつの空間パッケージとして商業・交通施設の片隅や隙間に嵌め込まれていく。昭和大阪の都市空間に織田作が「大正的」なるものとして横丁を発見したごとく、二十一世紀に生きるわたしたちがノスタルジアの空間をそこに見ることはできるのだろうか。

†名は実を超えて

もういちど、織田作之助の横丁に戻ろう。「法善寺横丁」の描写は、明らかに北尾を導きにしていたものの、彼自身が見いだしたもうひとつの横丁、すなわち「雁次郎《ママ》横丁」にふれるとき、彼の叙景はひときわ冴える。少し長くなるが、いとわず引用しておくことにしたい。

雁次郎横丁《がんじろう》――今はもう跡形もなく焼けてしまっているが、そしてそれだけに一層愛惜を感じ詳しく書きたい気もするのだが、雁次郎横丁は千日前《せんにちまえ》の歌舞伎座の南横を西へはいった五六軒目の南側にある玉突屋の横をはいった細長い路地である。突き当って右へ折れると、ポン引と易者と寿司屋で有名な精華学校裏の通りへ出るし、左へ折れてくねくね曲って行くと、難波《なんば》から千日前に通ずる南海通りの漫才小屋の表へ出るというややこしい路地である。この路地をなぜ雁次郎横丁と呼ぶのか、成駒屋の雁次郎とどんなゆかりがあるのか、私は知らないが、併《しか》し寿司屋や天婦羅《てんぷら》屋や河豚《ふぐ》料理屋の赤い大提灯がぶら下った間に、ふと忘れられたように格子のはまったしもた家があったり、地蔵や稲荷の蠟燭《ろうそく》の火が揺れたりしているこの横丁は、いかにも大阪の盛り場にある路地らしく、法善寺横丁の艶めいた華かさはなくとも、何かしみじみした大阪の情緒が薄暗く薄汚くごちゃごちゃ漂うていて、雁次郎横丁という呼び名がまるで似合わないわけでもない。ポン引が徘徊して酔漢の袖を引いているのも、ほかの路地には見当らない風景だ。私はこの横丁へ来て、料理屋の間にはさまった間口の狭い格子づくりのしもた家の前を通るたびに、よしんば酔漢のわめき声や女の嬌声や汚いゲロや立小便に悩まされても、一度はこんな家に住んでみたいと思うのであった。

（「世相」）

空間パッケージとしての横丁には、雁次郎横丁のように淫靡《いんび》で猥雑《わいざつ》な雰囲気はなく、ましてや「しもた家」も存在しない。時には酔っぱらいのわめく声や怒声が響くこともあるだろうが、嬌声は聞こえないだろうし、迷惑防止条例その他の諸規則がますます細かくなる昨今、ポン引きが袖を引く余地など残されてはいまい。もちろん（「汚いゲロや立小便」に起因するかはともかく）、饐《す》えたような臭いもしないはずだ。

規模の大小を問わず、商業空間内に再現される〈横丁〉が存在する一方で、火災にあってなお特例的に保全された法善寺横丁を例外とすれば、街場の横丁や小路はその姿を消しつつある。同じことは、津守下水処理場のポンプ室上階に再現された路地空間についても言えるだろう。木造の長屋をつぶして駐車場を備えた新築の一軒屋に建て替えるといった社会空間的な地区更新は着実に進んでおり、（宇野浩二や織田作之助が呼ぶ意味での）「路地」が早晩消滅するといっても過言ではあるまい。

理想化された〈らしさ〉や雰囲気を演出する装置として横丁や小路が要請される一方、もはやそれらは実在を必要としていない。名は実を超えていく。

大阪というところは、なんて、面白いところなんだろう……。
（林芙美子『めし』）

本書の構成

本書は、この約十年間に大阪の街々を歩きながら感じたこと、考えたことをもとにして、現代都市としての大阪を特徴づける〈場所〉と〈空間〉について、およそ明治期以降の歴史性をふまえて叙述するものである。

この序章では、近代大阪を根底から特徴づける空間のひとつとして、〈横丁〉を含む〈路地〉を取り上げてみた。都市のひろがりからすれば、両者はそれぞれ居住／商業にまつわるミクロな空間であるけれども、以下の章では、こうした街路レヴェルから都市域／都市圏にいたるまでの空間スケールを往き来しながら、特色ある空間の断片を拾い集めて、都市としての大阪を物語ってみたいとおもう。

都市の社会や空間に対する筆者の見方は、専攻する人文地理学（とりわけ都市社会地理学と呼ばれる専門分科）に裏打ちされており、関連する諸概念を本文中で明示的に持ち出すことはしないけれども、それらが考え方の背景にあることはあらかじめここに記しておきたい。また、この序章を読んでいただければ明らかなとおり、文人たちの場所感覚や空間経験など、文学作品の叙述を積極的に引用することで、〈場所〉と〈空間〉を考えるよすがとすることも、本書のひとつの方向性である。

第1章では、大阪の空間構造を知るための第一歩として、旧市街地の南北で対をなす、ふたつの都市核――梅田（キタ）と難波（ミナミ）――を取り上げる。その成り立ちには共通する面を持ち合わせながらも、あまりに対照的な性格を有する南北の核は、ともに現代大阪を象徴する空間だ。このふたつの核を特色づけているのが、地下街の存在である。地下に埋もれた空間の記憶を呼び戻しつつ、大阪のオルタナティヴな都市誌も素描してみたい（第2章）。

ときに商都と呼ばれる大阪には、同業者ばかりの集まるじつに多様な街々が形成されてきた。その名の知られる旧来の同業者街から、通称《アメ村》に代表される新しい商業空間まで、文人たちの場所感覚も踏まえて探訪してみよう（第3章）。

近代大阪の臨海重工業地帯を「葦《あし》の地方」と呼んだのは、詩人の小野《おの》十三郎《とおざぶろう》（一九〇三―一九九六）であった。第4章のタイトルは、小野の場所感覚にちなんでいる。本文ではふれないけれども、都市の中心から外縁へと土地利用が同心円状に構造化されるという都市社会学のモデルを念頭において叙述する。ここでは、近代日本を代表するアーバンプランナー石川栄耀《いしかわえいよう》（一八九三―一九五五）独自の同心円モデルも補助線として入れることにしよう。ユニバーサル・スタジオ・ジャパン周辺の風景も異化されるはずだ。

一九九三年にはじめてわたしが大阪を訪れたときから歩きつづけているのが《ミナミ》である。繁華な道頓堀・千日前から、日雇い労働者の街である釜ケ崎《かまがさき》、そして遊廓としての機能と空間をダイレクトに引き継ぐ飛田新地《とびたしんち》にいたるまで、場所性の強度を誇る街々がうろこ状に重なりながら連接しているところなど、いくら歩いてもあきることがない。行きつ戻りつして道行きは長くなりそうだが、第5章で紙上漫歩してみるので、ぜひともお付き合いいただきたい。小野十三郎の足どりをたどる終章も、この《ミナミ》の一部が対象となる。

二〇一八年十一月、二〇二五年国際博覧会（万博）の大阪開催が決定した。会場として予定されているのは、大阪湾の人工島「夢洲《ゆめしま》」である。この夢洲の来し方をたどりつつ、第6章では「大阪1990」と題して二十世紀後半における行政的な空間構想を批判的にふりかえる。都市政府による空間計画・開発を現代大阪の都市史にプロットしてみることで、序章から第5章までに取り上げる街に紡がれた物語や場所の意味を別様に浮き彫りにすることができるのではないだろうか。本書にあってはやや硬い文章となっているが、大阪を空間的に解剖してその現在性を測る尺度としていただければ幸いである。なお、「大阪1990」と銘打たれた空間構想を出発点とする一連の事業を取り上げるため、この章のみ年を西暦だけで表記する。

第 1 章

大阪《南／北》考

ダイヤモンド地区（2019年1月、撮影：藤部明子）

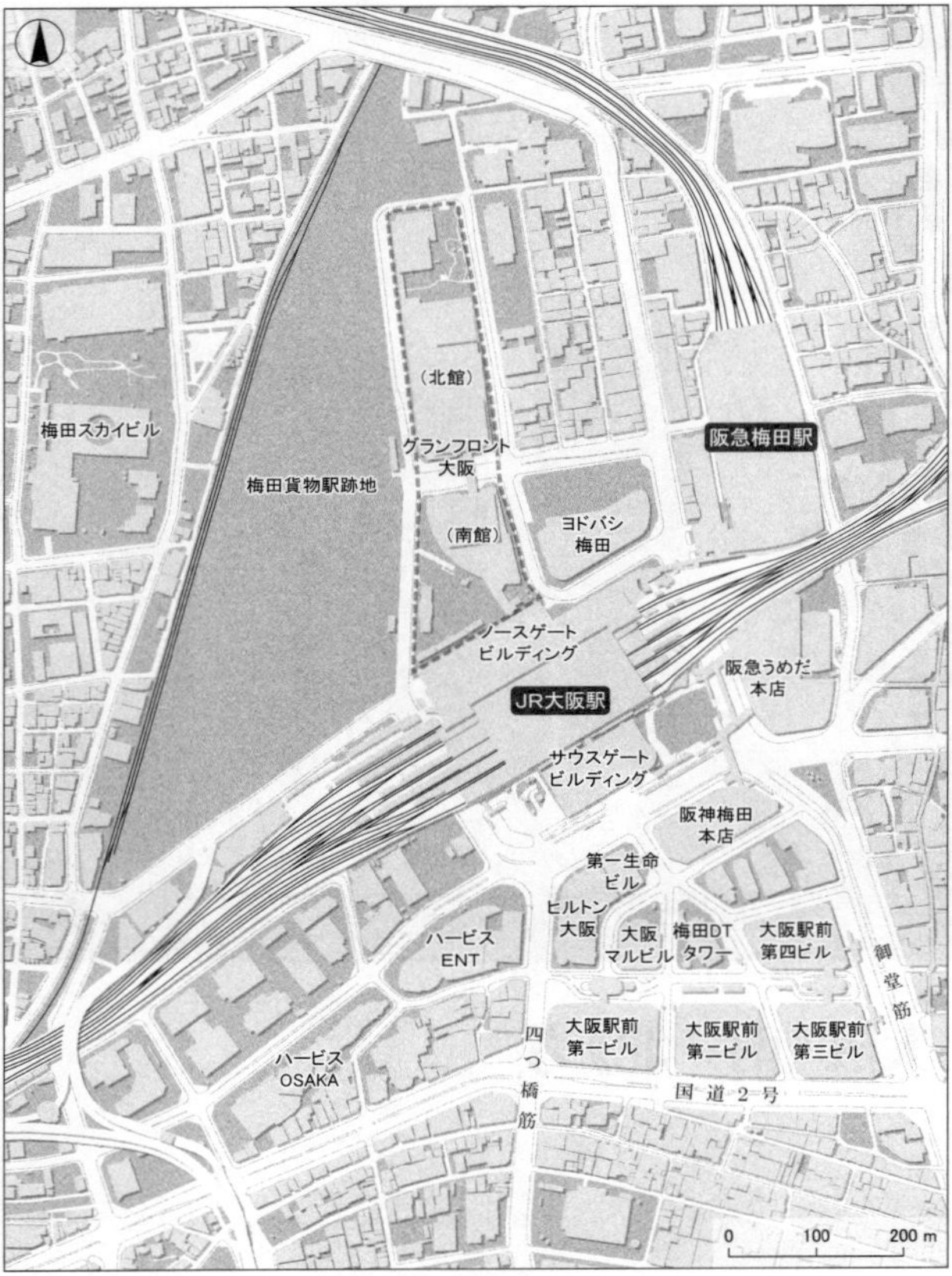

図 1-1　梅田（作成：森田耕平）

1　梅田の都市景観

†駅頭の風景

　JR大阪駅の中央口を出て、コンコースから右手の中央南口へと進む。駅舎となかば一体化した、巨大なサウスゲートビルディングの通路を抜けると、そこは「大阪駅前」の交差点だ。

　ドイツの思想家ヴァルター・ベンヤミンは、初めてモスクワを訪れた際、次のように述べたことがある。

> すでに駅前で、モスクワの街はその姿を提示しているように思われる。キオスク、アーク灯、家屋群が結晶して、二度と回帰しない形象となる。（「モスクワ」）

　たしかに大阪に関しても、昭和三十年代末、「大阪駅についたとき、ただちに展開するキタの景観は、そのままに大阪の象徴として印象づけられるであろう」、と述べた人物もいた（宮本又次『キタ』）。

しかしながら現在、大阪の駅頭に立ったとしても、街々の形象（イメージ）が来訪者の心のなかに結晶することはないだろう。駅とその周辺には、空をみることも忘れさせるくらいに、高層・巨大な建築物が充填され、空間を埋め尽くさんばかりの密度の高まりは、息苦しさを感じさせるほどだ。

交差点の向こうには、正面奥の梅田DTタワーを挟んで、第一生命ビル、大阪吉本ビルディングで営業するヒルトン大阪、そして阪急阪神百貨店の阪神梅田本店が並び建つ（図1―1）。

左方（東）に目をやれば、同じく阪急阪神百貨店の阪急うめだ本店、反対側の西方には、劇団四季の劇場を備えた複合商業施設ハービスENT、さらにその後方に、ハービスOSAKAのザ・リッツ・カールトン大阪がみえるだろう。

「大阪駅前」の交差点から、いま来たばかりの後方を振り返ると、大丸百貨店梅田店とホテルグランヴィア大阪の入るサウスゲートビルディング（旧称「アクティ大阪」）が壁のようにそびえ立つため、駅裏にあたる北側を見通すことはできない。そこには、サウスと対をなすノースゲートビルディングが大阪駅と直結して建ち、西館「LUCUA 1100」（ルクアイーレ／伊勢丹）と東館「LUCUA」からなる一体型の商業施設「LUCUA osaka」を収容している。

大阪駅は、それをサンドイッチする二つの大規模商業建築によって、市内有数の消費空間を形成しているのだ――実名を大阪ステーションシティという。

さきほど、あえて「駅裏」と呼んでみたが、この語句はもはや、実態をあらわしているとは言えないのかもしれない。それは、大阪駅の背後にひろがる広大な土地区画――梅田貨物駅の跡地（通称「北ヤード」ないし「うめきた」）――を、都心に残された最後の一等地として捉え、大規模に再開発する計画が実行されているからだ。跡地に立地したグランフロント大阪は、平面的であった土地利用を見事に立体化してみせた。未着手の西半部もあわせて、「うめきた」は、まさに都市のフロンティアというわけだ。

†グローカル梅田

ＪＲ線の駅名は「大阪」である。だが駅前の町名は梅田（一～三丁目）となっているため、この一帯は「ウメダ」と呼称・表記されることも多い。それゆえ、大阪駅の周辺には、

「梅田」の名を冠した鉄道駅や建物・事業所が、数多く立地している。

大阪駅を中心とした《梅田》の特色は、先ほど簡単にみておいたように、規模の大きい、あるいは高層の建築が集積しているところにある。電鉄ターミナルと連結した阪急・阪神百貨店、地元関西の呉服店から発展した大丸百貨店にくわえ、当初は三越伊勢丹を核としたルクアが、それぞれ二百メートルと距離をあけずにひしめく。ランドマークとなる高層ホテルも駅を取り巻くように集まり、グローバル・チェーンの高級ホテルが三つも徒歩圏内にある（ヒルトン、インターコンチネンタル、ザ・リッツ・カールトン）。

低湿地を埋めて田にした「埋田」に由来するとも言われる梅田には、大阪―神戸間の鉄道である阪神と阪急（前身は阪神急行）が拠点をかまえ、それぞれターミナルと百貨店をおいたことにはじまり、東京発祥の百貨店（伊勢丹）、そして新宿区の旧地名を冠した家電量販店（ヨドバシ梅田）ばかりか、世界チェーンの高級ホテルまでもが、至近の土地に進出してきた。きわめつけは、「世界のとなり　未来のちかく」という無国籍／無歴史を謳うトポス「グランフロント大阪」の登場だ。

現代大阪の玄関口《梅田》を彩る都市景観は、じつにローカル／グローバルである。

†東京の匂い

「大阪で今、東京に対抗できるもんて何でしょう」――市政から退場した橋下徹《はしもととおる》（前市長）に関するインタヴュー記事のなかで、在阪タレントの浜村淳《はまむらじゅん》が問いかけた言葉である（『朝日新聞』二〇一六年二月四日）。

織田作之助は、かつて「東京の標準文化なぞ、御免だと、三年間、東京にいる間に、愛想をつかした」（「東京文壇に与う」）と言い、同じく大阪出身の小説家である藤沢桓夫《ふじさわたけお》（一九〇四―一九八九）は、「大阪は健在である。東京なんか屁とも思っていない」（「大阪の散歩道」）と述べたことがあった。

よしあしはともかく、また状況に応じて程度の差こそあれ、帝都・首都たる東京への対抗意識は、大阪の歴史と空間に、はっきりと刻み込まれている。

面白いことに、やはり大阪出身の小説家である黒岩重吾《くろいわじゅうご》（一九二四―二〇〇三）が、大阪に内なる東京を見いだしたことがある。彼はこう述べていた――「梅田界隈は大阪駅の近くだけあって、何処か東京の匂いがする」、と（『どぼらや人生』）。

この一文を抜き出してきただけでは、やや意味が取りにくいかもしれない。黒岩は、大阪の代表的な盛り場として、梅田・難波・阿倍野という三つの「界隈」を列挙する。そして、先ほどの引用文につづけて、梅田界隈は「バーは一流バーが集っているし、喰べものなども、高い」と補ったうえで、次のような比較をしてみせた。

それ〔梅田界隈〕に対して、ミナミと呼ばれる難波界隈は最も大阪的な盛り場である。法善寺、道頓堀、千日前、マンモスキャバレーを始め、バーなども庶民的だ。喰べものも安い。

最後の阿倍野界隈は……〔略〕……ここはぐっと庶民的な街である。

梅田界隈のどこがどのように東京的であるかはわからないものの、難波を「最も大阪的」であるとする黒岩の指摘は、（地理学者エドワード・レルフの言葉を借りるならば）逆に大阪にあって「没場所」的な盛り場が梅田界隈であった、ということを示している――ここで、彼が「ミナミ（難波界隈）とキタ（梅田界隈）」と表記していたことも、急いで付け加えておこう。

東京的／大阪的と対置される梅田と難波――通称「キタ／ミナミ」――の空間的な特色

を理解することは、この都市を知るための第一歩となる。

2　駅と遊廓

†二枚の写真

ここに、昭和三十年代に撮影されたと思しき二枚の写真がある（図1－2）。撮影者は加藤藤吉《かとうとうきち》、花街研究のパイオニアと称するべき人物で、昭和三十年代前半に『日本花街志』を著し、『全国花街連盟名簿』の編集などに携わった。

これらの写真は、彼が残したフォトアルバムのそれぞれ別のページに（ネガも切り離された一枚の状態で）収められている。日時・場所は明記されていないが、その他の写真の書き込みなどから、昭和三十五（一九六〇）～三十七年の間に撮影されたものと思われる。

では、この昼夜一枚ずつの街景写真は、どこで撮影されたのだろうか。ネガを高解像度でスキャンし、写り込んだ店舗の看板や自動車のナンバーから特定したところ、一枚目（写真上）は大阪市中央区の観光スポットとして名高い道頓堀、そして二枚目（写真下）は

図 1-2　加藤藤吉の撮影した道頓堀（上）と北新地（下）

同市北区の夜の街、「北新地」として知られる曽根崎新地《そねざきしんち》であることがわかった。

もう少し詳しく説明すると、道頓堀の夜景は相合橋の上から西（太左衛門橋《たざえもんばし》・戎橋《えびすばし》方面）を向いて撮影されており、手前右手に「グリル六番」、橋向こうの右手には、すき焼きの店「いろは」の看板がみえる。他方、曽根崎新地は一丁目一の浪速《なにわ》信用金庫梅田支店（現・尼崎信用金庫）の前から、西梅田方面を向いた構図である。

加藤藤吉がいかなる意図をもって二つの繁華街――道頓堀・北新地――を撮影し、わざわざネガを切り離してアルバムに収録したのかはさだかでない。けれども、彼が花街研究家であることを踏まえるならば、あらためて二つの場所の来し方を想起しておいてもよい。

†縁辺の遊興空間

大阪の代表的な観光名所として知られる道頓堀界隈は、江戸期の芝居町を起源とする盛り場である。堀川を挟んだ南側は、劇場と芝居茶屋が建ち並んで芝居町を形成するとともに、四つの遊廓（九郎衛門町《くろうえもんちょう》・櫓町《やぐらまち》・坂町《さかまち》・難波新地）も集まる一大遊興空間であった。北側の宗右衛門町もまた、モダン大阪を代表する遊廓のひとつに数えられ、これら五つの遊廓を総称して南地五花街《なんちごかがい》と呼ぶこともある。

他方、明治前期のガイドブック『大阪名所獨《ひとり》案内』（明治十五年）で、曽根崎新地一〜三丁目が「北方の柳陌《いろざと》にして北新地《きたのしんち》と呼び南五花街にも劣らざる繁昌の地」として紹介されたように、北新地もまた、明治末の大火で焼失するまでは遊廓として、その後は芸妓だけの純粋な花街として発展した、歴史的な遊里だ。

現在は、それぞれ《南》と《北》という、大阪きっての繁華街の中心をなす道頓堀周辺と北新地も、かつては都市のフリンジ（縁辺）にあって遊廓を擁する遊興空間なのであった。花街研究家・加藤藤吉の目は、縁辺の遊廓から賑わいの中心へと変じた二つの街景に向けられていたのである。

†駅前の遊廓

近世都市の周縁（南縁・北縁）からモダン都市の中心へと空間的に反転するきっかけをつくったのは、鉄道の敷設と駅（ターミナル）の設置である。日本の多くの都市が経験したことだけれども、都市（地域）間を結ぶ鉄道の敷設は、当然のことながら駅舎の設置をともなった。

ルート設計に応じて、駅の立地は既成市街地を大規模に破壊することのない、そして用地を比較的容易に取得できる末端部が選ばれる。すると、ここにとても興味ぶかい――後の都市政治の文脈では憂慮すべき――事態が出来《しゅったい》する。市街地の周縁部に配置された旧来の遊廓と、近代都市の玄関口となる鉄道駅とが、はからずも近接してしまうのだ。

たとえば、神戸駅と旧福原遊廓（神戸市）、あるいは南海堺《さかい》駅と龍神遊廓（堺市）などは好例であろう。明治期の大阪でも〈駅＋遊廓〉という空間セットが、市街地の北端と南端とにそれぞれ出現する。大阪―神戸間の鉄道建設にあわせて明治七（一八七四）年に開設された大阪駅（梅田停車場）と北新地、そして明治十八年に開業した南海難波駅（停車場）と難波新地である。

難波駅と中心商店街である心斎橋筋とを結ぶ戎橋筋――一般に「橋すじ」と呼ばれた――は、ある種の駅前商店街として、むかしも今も、多くの買い物客・観光客が行き交う繁華な街路だ。ところが、昭和戦前期までの戎橋筋は、横道に一歩入ると、そこには「もしもし屋」と俗称されるお茶屋――すなわち、居稼ぎの娼妓が客引きをする妓楼――の建ち並ぶ、遊廓であった。

人・モノ・情報を運ぶメディアとしての鉄道網、そのネットワークの結節点となる駅は、都市空間に穿《うが》たれた近代の開口部である。大阪の場合、はからずも駅と遊廓とが近接したことで、駅とその周辺はモダン都市の顔として独特の発展をとげることになる。北新地や南地の遊廓にまつわる記憶が薄れつつある現在も、ミナミとキタは依然として繁華の中心だ。しかしながら、《南／北》のあいだには、決定的に異なる空間の歴史地理が存在する。

3　駅前ダイヤモンド

†カタチか地価か

大阪駅前には「ダイヤモンド」と称される地区がある（本章扉写真）。それは、北をJR大阪駅前の府道、西を四つ橋筋、南を国道2号、そして東を御堂筋（梅田新道）に囲まれた一帯（約十一ヘクタール）にほかならない。各道路の地下には、それぞれ阪神梅田駅、西梅田駅、北新地駅、東梅田駅が立地しているため、この地区の地下全体が、都市（間）交通上の巨大な結節点となっている。

地上部に目をむけると、すでにみた阪神百貨店・第一生命ビル・ヒルトン大阪の南側に、「梅田の真ん中！」を謳う大阪マルビルが、そして梅田DTタワー、新阪急ビル（二〇一九年三月現在は建て替え工事中)、さらには大阪駅前第一〜第四ビルが林立する。各ビルの地階も縦横の通路で結ばれており、大阪随一の高密度な立体的業務地区といってよい。「ダイヤモンド」なる名称は、街区の形状に由来するとも、あるいは地価がダイヤモンドのように高いからだとも言われているのだが、「梅田一丁目」という住所表示の範囲に丸ごと重なるこの地区の来し方には、じつに興味ぶかいものがある。

†地霊の不在

近世都市大坂における市街地の北端が曽根崎新地であったことについては、さきほど述べたとおりである。明治七年に開業した梅田の停車場は、大阪市内ではなく、隣接する市外の曽根崎村に位置していた(図1-3)。

毎日新聞の記者であった北尾鐐之助は、名著『近代大阪』(昭和七年)のなかで、そもそも「梅田」は「旧曽根崎村の小字、関目(関明)、住之江(住ノ江)、などの田を埋めて出来たのだから、埋田が本当だ」とし、大阪駅の近傍に位置する「梅田《うめだ》三昧《さんまい》」(=墓地の名称)が地名の由来であると指摘した。「埋田」がめでたい名称の「梅田」に転じたとする説だ。停車場構内の西北部に分布する墓地の地図記号が、その位置を示している。

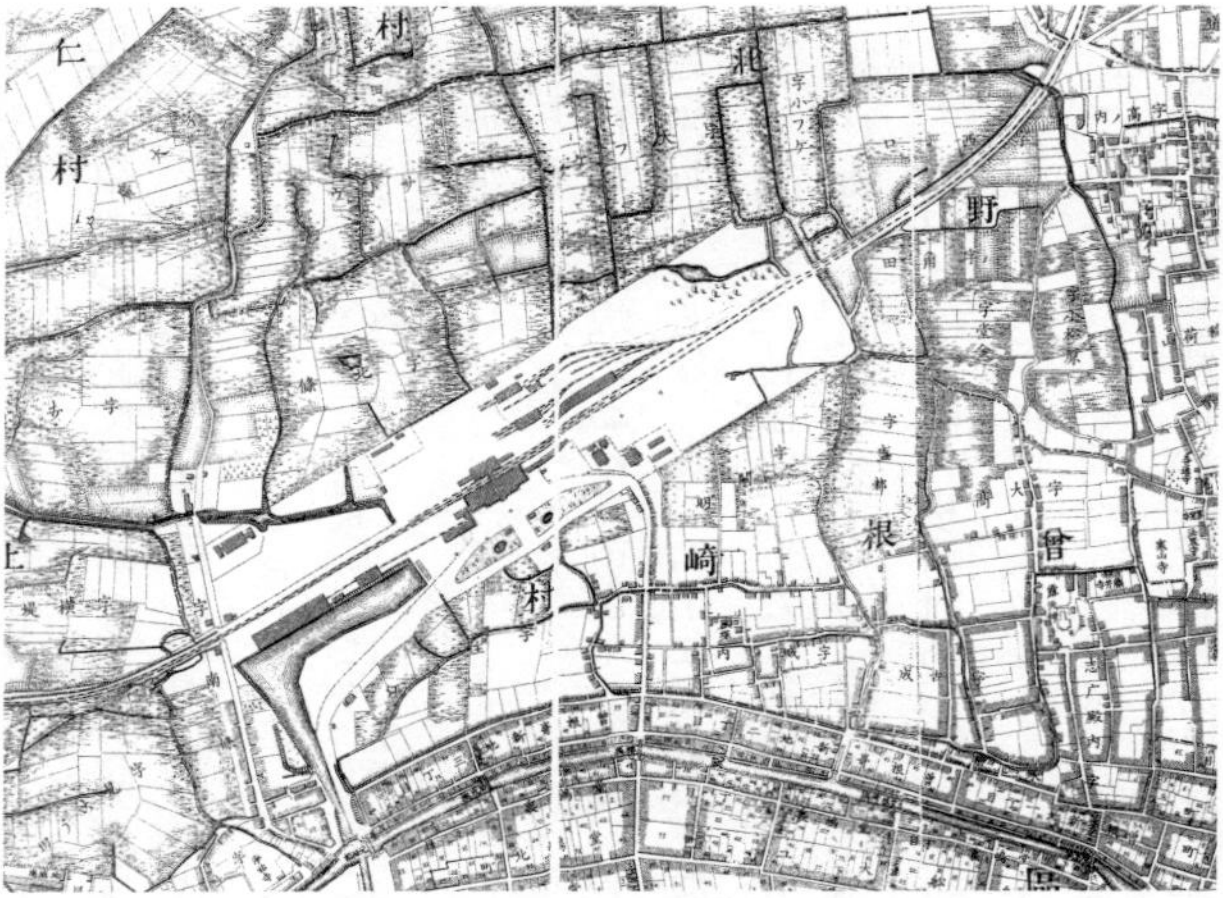

図1-3　曽根崎村の停車場（1890年地形図）

ここで注目しておきたいのは、駅と旧市街地とのあいだにひろがる、地図上の空閑地である。部分的には家並みを見ることもできるが、多くは田んぼや用途不明の土地だ。明治十八年に開業する難波停車場が、当時、市街地化しつつあった難波新地五番町と接して設置されたこととは、あまりに対照的な景状である。

この空閑地に、約百年間の歴史を飛び越えて、ダイヤモンド地区とその周辺のブロックを重ねてみよう。すると、どうだろう。ごらんのとおり、ダイヤモンド地区はもちろん、ハービスENTを含む周辺のブロックが、停車場と曽根崎新地とのあいだにすっぽりと収まる（図1－4）。

図 1-4　現在のダイヤモンド地区を重ねてみると（作成：森田耕平）

明治初期の地図を読むかぎり、このぽっかりとあいた空間に、力の強い地霊《ゲニウス・ロキ》が宿っていた痕跡は見当たらない。土地所有の観点から、まったく別のストーリーを描くこともできるだろうが、地霊の不在こそが、ダイヤモンドの原石を宿したのだとも言えなくはあるまい。

とはいえ、ダイヤモンドがはっきりとその姿をあらわすまでには、もういくつかのエピソードを、この土地の履歴書に書き込んでおく必要がある。

†さながら遊廓の如し

梅田の停車場前にひろがる土地には、交通量の増加にあわせて、関連する施設と機能（旅館・待合所・食堂・人力車など）が集積し、駅前としての体裁がだんだんと整えられていった。だが、大阪の歴史空間とは断絶したこの土地には、現在の用途からすると、あまりに意外な風景が展開される。

『近代大阪』のなかに描かれた、昭和初期の駅前風景を参照してみよう。

大阪駅前の、あの交通地獄から、どちらか一歩裏町へ入つてみると、そこには殆ど看板でつくられた路次がある。煤《すす》けた壁や、廂《ひさし》や、戸障子《としようじ》や、至るところ、縦に、横に、乱雑な看板風景。

口入屋《くちいれや》、下宿屋、インチキカフエ、関東煮《かんとだき》屋、女髪結、汁粉屋、仕出し屋など。

古い〳〵昔ながらの梅田界隈。

林芙美子《はやしふみこ》の絶筆となった『めし』（昭和二十六年）の冒頭、初めて大阪を訪れた若きヒロイン里子の言った、「ねえ、大阪の街って、ベタベタの広告なのね」という言葉が、思わず頭をよぎる。とはいえ、先の引用文は、戦災を挟んでそれより約二十年も前の街頭スケッチであるのだが……。

『近代大阪』では、つづけて飲食店の「飽和」した状態にある駅前空間が観察される。

阪神電車から、桜橋まで、約一町ほどの間に、西側に十七軒、東側に十五軒、都合三十二軒の飲食店がある。梅田＝桜橋＝梅田新道のこのU字型の中には、凡《およ》そ二百軒ほどのカフエ、飲食店〔、〕旅館を数へる。

すでに、お気づきの読者も多いことと思う。北尾が描く梅田―桜橋―梅田新道（御堂筋）に囲まれたU字型の空間、それはまさにのちのダイヤモンド地区なのであった。カフエのなかには、大阪ことばを用いて言うならば、「ぼったくり」の店も多く、夜遅くに通行するときなどは、「いかにして安全な道を選ぶべきかに苦心」するほどであったという。北尾は、「……その一部は、さながら遊廓の如き有様である」と嘆息するほかはなく、ダイヤモンドの片鱗《へんりん》は、まだなにひとつ見当たらない。

まるで遊廓、それが大阪駅前ダイヤモンド地区の原風景だ。

†変転する駅前空間

北尾鐐之助が「さながら遊廓の如き」と嘆いたU字型の範囲は、現在のダイヤモンド地区にそのまま重なる。モダン大阪の観察者である北尾を憂鬱にさせるほどに、特異な密集市街地となっていた大阪駅前は、その後、昭和という時代を通じて激変することになる。

その第一着として打ち下ろされたのは、昭和十（一九三五）年から同十五年にかけて施工された、現ダイヤモンド地区のほぼ北半部を範囲とする、土地区画整理事業であった。計画では、引き続きその南側を整地することになっていたものの、アジア太平洋戦争の影響で実施にいたらないまま、昭和二十年の空襲によって一面が焦土と化す。

敗戦とともに駅前の空閑地は、瞬く間に闇市へと変じた。のちに「梅田自由市場」とも呼ばれた闇市は、警察による取り締まりが繰り返されたものの、許可なく土地を占有したバラックの店舗は常態化し、駅前を特殊な商業空間へと変えてゆく。

なかでも特筆すべきは、昭和二十五（一九五〇）年の初頭に定着したという、繊維商（問屋）約三十軒の集団であった。翌年には、二百軒を超える業者が集まって「梅田繊維卸商連合会」を結成し、昭和三十年代前半になると、その数は六百とも、七百とも言われる規模にまでふくれあがる――宮本又次は、「繊維街にはホルモン焼の匂いがときにただよい、『めし』の看板もまま目についた」と記す（『キタ』）。

こうした状況のなか、戦争によって中断された土地区画整理を継ぎつつ、駅前空間の刷新を目指す事業が実施された。それは、昭和三十六年施行の「市街地改造法」にもとづく、「大阪駅前市街地改造事業」にほかならない。高度経済成長期のさなか、東京オリンピックの開催を視野に入れて成立した同法を、大阪市は真っ先に駅前地区に適用したのだ。

同年、国鉄（当時）の大阪環状線が全通して、私鉄／地下鉄との連絡駅となる鶴橋駅などが結節性を高めたこと、新大阪駅周辺の土地区画整理が事業化されたこと、さらには都市圏郊外の千里ニュータウンの造成がはじまったことなどもあわせて考えると、この時期は都市内部のみならず、都市圏、あるいは国土の空間再編の画期にあった、と言えるかもしれない。

立ち退きや移転にまつわる補償、そして換地を含む諸問題によって紆余曲折《うよきょくせつ》するも、駅前に集積した卸業者からなる通称「梅田繊維街」の移転が決定し、北半部につづくスーパーブロック（大街区）方式の土地区画整理は完遂したのだった（「梅田繊維街」は、新大阪駅の近傍に建設された「新大阪センイシティー」へと移転し、現在にいたる）。

†土地利用の高度化

昭和戦前期に土地区画整理事業を完了していたダイヤモンド地区の北半部では、南側の市街地改造事業に先行して、いちはやく戦後復興が進む。それは大資本による土地利用の高度化、すなわち高層建築の登場によって象徴された。

戦後最初の高層建築は阪急ビルディングに隣接する航空ビルディングであったものの(昭和二十六年)、当時としては日本最高の地上十二階・地下三階の第一生命ビルが同二十八年に竣工する。そして、地上九階・地下三階の梅田ビル(同三十年)、地上八階・地下二階の阪神百貨店(同三十三年)――五年後に地上十一階・地下五階の新館を併設――、地上十二階・地下五階の新阪急ビル(同三十七年)が相次いで誕生し、ダイヤモンド地区の高層化を一気に推し進めた。

そこに、市街地改造事業による駅前ビルの建設が、時間を要しながらも着実に追随した。駅前第一ビルの完成(昭和四十五年)から十年以上の歳月を費やし、第二ビル(同五十一年)、第三ビル(同五十四年)、第四ビル(同五十六年)が竣工する。

昭和戦前期にはじまる「高層建築に適応する画地造成を目的」とした土地区画整理は、

半世紀以上の歳月を経て、ようやくここに実現した。

4　相克する《南／北》

†《南》――方角から場所へ

ここまで、大阪駅（前）を中心とする《北》についてみてきたけれども、ここで視点を《南》へ移してみよう。

郷土史の大家である牧村史陽《まきむらしよう》（一八九八―一九七九）の編纂した『大阪ことば事典』は、「大阪ことば」のみならず、大阪の地理歴史を知るうえでも、たいへん便利な一冊である。同書のなかで「ミナミ【南】」は、次のように説明されている。

江戸時代には道頓堀が大坂の南の端で、その繁華街は南と通称された。それが明治の初期以後千日前が開発され、さらに明治十七年〔明治十八年の誤りか〕南海電鉄が開通してその難波駅に通じる戎橋筋が次第ににぎわいを呈するようになって、現在はこの一帯から島之内にかけてまでの地域をミナミの総称としてよばれている。

江戸時代までは、南地五花街を含む道頓堀周辺が《南》と通称されていたものの、明治初年の大規模な墓地再開発に端を発して成立した盛り場「千日前」、さらには難波駅の開業とそれにともなう戎橋筋の発展とがあいまって、最終的には道頓堀の北側に位置する島之内までを含むひろい範囲が《南》となった。

この説明で注目しておきたいのは、《南》の本来的な意味に含まれる方向性である。牧村は「ミナミへ行こか」という話し言葉を例示しているのだが、たとえば織田作もまた、「南というのは、大阪の人がよく『南へ行く』というその南のことで、心斎橋筋、戎橋筋、道頓堀、千日前界隈をひっくるめていう」と記していた(「神経」昭和二十一年)。

この「南へ行く」という独特な言い方は、もともと《南》が歓楽街の地理的範囲を示す場所名としてではなく、文字通り、移動の方向性に由来することを示している。近世大坂の都市空間にあって、芝居小屋の建ち並ぶ道頓堀は、市街地の南端に位置した。芝居町と色町からなる道頓堀周辺の悪所へ遊楽することは、城下町の南縁へ空間的に移動することだったのである。《南》という通称は、遊興するために赴く方向から派生し、場所名に変じたと考えてよい。

逆に、織田作の定義するような地理的範囲を指し示す地名として《南》が定着すると、もはや方角は関係なくなり、現市域の南端に位置する住吉区などからこの地区へ遊びに出る――つまり空間的には北へ移動する――際も、「ミナミへ行こか」ということになるのだった（『大阪ことば事典』）。

†岸本水府の《南》礼讃

あらためて引用すると、昭和二十一（一九四六）年に織田作は、「心斎橋筋、戎橋筋、道頓堀、千日前界隈をひっくるめて」、《南》と呼ぶと記していた。これに先んじて、モダン大阪の《南》を「南地は所謂《いはゆる》、道頓堀、千日前、戎橋筋の総称、心斎橋筋がそれに繋がつてゐる」と地理的に規定し――ちなみに、文中の「南地」には「みなみ」とルビが振られている――、その場所性を礼讃した人物がいる。田辺聖子『道頓堀の雨に別れて以来なり』の主人公として描かれた川柳作家、岸本水府《きしもとすいふ》（一八九二―一九六五）である。

自ら率いた「番傘《ばんがさ》」同人の川柳を随所に織り交ぜつつ、京阪神の盛り場（そして花街）を大々的に紹介したガイドブック「京阪神盛り場風景」（『三都盛り場風景』昭和七年）のなかで、水府は《南》への愛着を隠さない。

筆者は大阪が日本中で一番いゝところだと思つてゐる。その大阪の盛り場で「南地《みなみ》」〔ルビは水府自身による〕が一番うれしいところ、二十二三歳の頃は毎晩南地を歩かないと寝られない位であつた。その頃、自分は是非南地に居を構へたいものと思つてゐたが、その理想が実現して、今はその南地の、大阪趣味の横溢した、賑やかな空気のなかに住んでゐる。

彼は、「大阪の盛り場といへば、先づ心斎橋筋、戎橋筋、道頓堀、千日前と連鎖した一廓から始めなければならない」としつつ、「これらの町々は連鎖してはゐるが、その町々で異つた色彩を持つてゐる」と付言することも忘れなかった。大丸・そごうの二大百貨店を擁する商店街「心斎橋筋」、そこから戎橋をわたり遊廓(難波新地)のあいだを抜けて南海難波駅にいたる商店街「戎橋筋」、劇場・映画館の建ち並ぶ江戸期以来の遊興街「道頓堀」、そして墓地を再開発して誕生した盛り場「千日前」と、由来も個性も異にする繁華街が連接していたのだ。《南》の魅力は、空間的に分化した各々の場所の異他性(ヘテロトポロジー）にあったのである。

「橋一つ、道一つ跨《また》ぐと、世界は忽《たちま》ち一変する」（前掲『近代大阪』）――それが《南》であった。

†二つの〈顔〉

洋画家の鍋井《なべい》克之《かつゆき》（一八八八―一九六九）は、水府とほぼ同時代を生きた人物である。管見のかぎりではあるが、大阪の《南／北》を彼ほど的確に観察・記録した者はほかにいない。彼の随筆を手がかりに、旧来の繁華街である《南》との対照によって明らかとなる、その特色をみてゆこう。

> 道頓堀、千日前界隈を「南」と呼んでゐる。浪速文化華やかな頃から、南は、大阪なる胴體《どうたい》についてゐる顔で、法善寺はその象徴であつた。今日では、この顔が、あまりにもインテリ的でなさすぎるので、もう一つ新しい顔が「北」に生れかけてゐるが、それでも南の繁栄ぶりは日々にめざましい。

「大阪の顔『南』」と題された随想（昭和二十七年）のなかで、鍋井はこのように記している。付言すると、織田作もまた、法善寺の界隈を「大阪の顔」と呼んでいた（「大阪発見」昭和十五年）。都市を身体のメタファーで空間的に分節して語る点が面白いのだが、ここで注目しておきたいのは、戦後十年を経ずして生まれ出ようとしていた大阪の「新しい顔」、《北》である。

鍋井は、《南》が「インテリ的」でないがために《北》が誕生しつつある、という。つまり、後者は「インテリ的」であると示唆しているわけだが、いったいこれはどういうことなのだろうか？

†インテリの《北》

水府や鍋井と同時代人である藤沢桓夫もまた、この界隈の「変貌」ぶりに瞠目《どうもく》しつつ、《北》の勃興をスケッチした。

……薄汚い闇市場であったあたりにつぎつぎと大きなビルが建ちはじめ、無数の料理店や酒場が軒を並べ、梅田界隈から朝日ビル、グランド・ホテルなどのある堂島川界隈にかけての一帯は、見渡す限りのビル街に変貌、高速道路が走り、大きな地下街も生まれて、四六時中人の洪水の絶え間なく、そのあたりに大新聞社や大会社が集中しているところから、「大阪の知的センター」などと異名のつく大阪一の繁華街が現出してしまった。大阪の中心は、南の盛り場から、完全に北へ移ってしまった感じである。

（「大阪の散歩道」昭和四十一年）

藤沢の随筆には、《北》の変化を特徴づける、主要なキーワードが出そろっているようにみえる。雨後《うご》の筍《たけのこ》のごとくに簇生《そうせい》する飲食店、高層・大規模化するビルディング、高速道路の開通と地下街の誕生に示される空間利用の立体化、そして新聞社・大企業の集積である。

鍋井が別のところで、「北を新興文化街にしているのは、一面インテリ層が多いからとも見られ、これは新聞社が北にかたまっているのが一番の理由であろう」（『大阪繁盛記』）と述べているように、文化ホールなどを併設した、新朝日ビル、毎日会館、産経会館などが、梅田から中之島にかけて集まり、〈知《インテリ》〉の空間を形成していたのだ。

インテリ空間という《北》の特色は、おのずと旧来の歓楽街へも影響を及ぼす。鍋井の観察とほぼ同時期に刊行された『北区勢大鑑　1953年版』に、「飲食歓楽街」を紹介する広告記事がある。それによると、「もはや南の追従を許さぬほど」に発展した「曽根崎歓楽街」によって、「大阪なら南へ」と言われた歓楽街の勢力図は、完全に塗り替えられた。当時、曽根崎歓楽街を構成する業種とその規模は、料亭百七十軒、芸妓紹介所四軒、待合四十三軒、割烹十八軒、バー・スタンド五十一軒、カフェー・キャバレー四十五軒であった。花街としての性格もまだまだ色あせてはいないものの、カフェーとキャバレーに代表される水商売（飲食系風俗営業）の集積によって、現在の夜の街につらなるネオン街化も進んでいた。

だが、ネオン街化は、必ずしも《北》に固有のカラーとは言えまい。大型キャバレーの進出した宗右衛門町を中心とする《南》もまた、似たり寄ったりだったろう。ここでもポイントはインテリである。「大阪を知るなら曽根崎新地と…〔略〕…来阪者にも大阪人にも親しまれている曽根崎新地は、南の宗右衛門町に比べて、多くの知識人に、そのファンをもつていることも特筆すべきこと」とされるように、客層の職種ないし階級差が鮮明となっていたのだ。

「……古くからありながら『北の新地』は、南地五花街と呼ばれた『南地』に押されて、新町、堀江などと共に、南を表とすれば、大阪の裏むきの花街であった」ものの（『大阪繁盛記』）、北新地と南地の立場はすでに逆転、表裏はひっくり返っていた。

大阪の中心は、《南》から《北》へと完全に移ってしまった――それが戦前から《南／北》を知る者たちの実感であった。

†宮本又次の《北》礼讃

戦前／戦後の違いはあるものの、岸本水府とは反対に、《北》を礼讃した人物がいる。それは、大阪に関する多くの著作を残した、経済史研究者の宮本又次《みやもとまたじ》（一九〇七―一九九一）である。

彼は、「ミナミも大阪の顔」であることを認めつつも、「一つだけ大阪の顔をかけということになると」、もはや《北》よりほかにはない、という。さらには黒岩重吾と同じく、《北》が「きわめて東京的になり」つつあることも認めながら、《北》の特色を次のように説明してみせた。


キタは矢張り大阪である。しかも大阪の顔として、しかももっとも代表的な大阪の顔といってよい。大阪の玄関口、大阪の表門。その歴史は古く、由緒は正しく、それでいて常に新しく新鮮である。非連続の連続、かわっているようでもかわっていず、かわらないようでも、著しくかわっているのがキタなのである。（『キタ』）

これほどまで《北》をほめあげた文章は他にないのではなかろうか。

黒岩と同様、《北》のどこがどのように「東京的」であるかは不明なものの、宮本は「それはきわめて大阪的でもあるが、またすぐれて大阪的でないものを含ん」だ、「いわば混合文化」の空間であるとも述べている。しかも彼は、《北》には「いわば植民地的な、また新開地的なムードも色濃く流れている」、とも指摘していた――フランスの哲学者アンリ・ルフェーブルの「新しい都市にはどこか植民地都市を想起させるところがある」（『「五月革命」論』）、という語りが思い浮かぶ。

あるいは、「総体にキタではどこかスッキリした、いわば土着的でないものが、感ぜられる」というあたり、これはゲニウス・ロキの不在とも関わっているのかもしれない。

†競演から協演へ

大著『キタ』のなかには、ほかにも印象的な言葉をいくつも見いだすことができるのだが、「大阪という母都市のケルン（核心）」、それは《北》を措《お》いてほかにない、というのが宮本の主張の「核心」にある。その彼が、《北》の空間形成史のなかで重視した動因のひとつが、阪神・阪急という二つの電鉄会社の対抗関係であった。

明治三十八年に大阪（出入橋）と神戸を結ぶ都市間交通として登場した阪神電鉄、同四十三年に郊外電車として、宝塚・箕面《みのお》線を開通させた阪急電鉄（当時・箕面有馬電気軌道、のちに京阪神急行電鉄）は、大阪駅を挟み込むようにターミナルを構え、それぞれ駅直結の百貨店を開業したことによって、たしかに大阪の〈顔〉を整形してきた。

梅田停車場、そして阪神・阪急のターミナル設置が、もとは曽根崎新地の花街を指す名称であった《北》の範囲をぐっと北へと押しひろげ、さらには阪急電鉄社長・小林一三《こばやしいちぞう》による娯楽施設を基軸に据えた駅周辺開発にともない、のちには《阪急村》とも称されるターミナル・百貨店・事業所・娯楽施設の一体となった空間基盤がつくりだされる。

戦後、娯楽面における核となったのは、昭和三十年に再建されたOS劇場、翌三十一年に完成した梅田コマ劇場である。周辺には、その他の劇場・映画館が集積し、興行の街として発展してきた《南》のお株を、すっかり奪うかたちとなったのだ。

大阪神ビルと新阪急ビルとが並び建つ梅田一丁目北東角を見やりつつ、宮本はそこに、阪神・阪急の鉄道交通における「競争」、そして土地経営における「対立」が、「もののしくも、あでやかに具象化して、競演している」さまを見いだした――なんとあざやかな景観解釈。

積極的にターミナルの周辺開発を進める阪急、それに真っ向から対抗する阪神、この両社の関係が《北》における景観形成の動因となった――というのが、宮本又次の見立てだ。時代は変わり、平成十七(二〇〇五)年、村上ファンドによる阪神グループの株式大量買収が発端となり、阪急が阪神を経営統合、現在はウメダを舞台に協演へと転じたことは、周知のとおりである。

5 明日を夢見る《北》、懐古する《南》

†場所の履歴――遊所・水辺・火災・駅

《北》と《南》は、どちらも近世大坂の都市縁辺に形成された遊興空間に由来する繁華街である。元来、《北》は北新地（曽根崎新地）を、対して《南》は道頓堀と南地五花街を指したものの、現在、前者はその範囲を北へとひろげ、後者はいっそう拡散傾向にある（本書第3章参照）。

加藤藤吉の夜景写真を思い出すまでもなく、《南》の中心には道頓堀川が流れている。他方、曽根崎新地の南側にも、かつては堂島川から分流した蜆川《しじみがわ》があった。《南》も《北》も、水辺空間から生まれたのだ。蜆川が跡形もなく消え失せてしまったのは、明治四十二年七月に起こった「北の大火」をきっかけに、埋め立てられたからである。

この大規模火災によって、曽根崎遊廓を含む周辺一帯は焼き尽くされ、遊廓の廃止・移転が議論されたものの、結果的には芸妓だけの純粋な花街として存続する。そして水辺のみならず、火災という点でも、《南／北》は対をなす。明治四十五年一月、難波新地から千日前一帯を灰燼《かいじん》に帰す「南の大火」が発生したのだ。明治末年に起こった二度の大火は、道路の敷設・拡幅や施設移転、さらには遊廓の廃止・移転など、《南／北》の建造環境を大きく変えた。

このようにみてくると、《南／北》の場所性はもちろん、その来し方にも類似する点があることに気づかされる。明治前期の大阪・難波、そして明治後期の阪神・阪急の梅田というように、停車場・駅の設置に大きな時間差はあるものの、それらが核となって空間的な中心性を高め、現在につらなる《南》と《北》を成立させたことは疑い得ない。

だが、前述のとおり、両者には決定的な空間的差異もあった。それは、《北》が旧市街地を離れて、新しく開発された地区を中心に成立した一方、《南》は道頓堀・南地五花街、そして明治初年に再開発された千日前という、旧来の繁華街にしっかりと根をおろして発展したからである。この差異が、大阪的（土着的）／東京的と比較対照される《南／北》の空間性に、ことのほか著しい影響を及ぼしているのだ。

鍋井克之の予感

「薄汚い闇市場」から「大阪一の繁華街」へ、という藤沢桓夫の指摘にあるような《北》の興隆がはっきりと意識されるようになるのは、戦後復興から高度経済成長期にかけてのことであった。近年、戦後都市の成り立ちに関する重要な視角を提示した書物のひとつに『盛り場はヤミ市から生まれた』があるが、《北》の成り立ちを考えるうえでも、やはり闇市の存在を無視することはできない。

その焼け跡闇市のなかに、いみじくも《北》の将来を透かしみたのが、鍋井克之である。

昭和二十一（一九四六）年の秋、彼は北尾鐐之助からの依頼で「焼け跡を描きに廻」り、いくつかの「戦災街景スケッチ」を残した（『大阪繁盛記』に収録）。昭和二十二年一月に発表された随筆「京阪・新繁昌記」は、その時の感想とみてよいだろう。
鍋井は次のように記している。

阪神ビルの裏の空地に立つて、梅田新道の方向を眺めた時、新鮮で潑剌《はつらつ》とした都会風景を発見した。古い日本家屋は焼け失せて、残つた高層ビルだけが、逆光線で半ば灰色に光り、散りぎはの街路樹の人道を、朝の陽に向かつて足早に進む群衆の動きが、この風景に奇妙な美しさを添へてゐた。…〔略〕…復興へ、復興へと燃えたつやうな雰囲気で、空気までが動揺してゐるやうな感じである。何かゞ起り、何かゞ生れつゝあるやうな予感がする。

何かが起こり、何かが生まれつつある——鍋井が予感したのは、新しい《北》の誕生だったのだろうか？
事実、彼は「戦前から大阪の繁華街は南の端（阿倍野橋）と北の端（梅田）に移る傾向を示してゐた」と振り返りつつ、「それが今日ではいよ〳〵はつきりした姿となつた」ことを実感する（同前）。それは、阿倍野の街頭（闇市）で、「予期せざる異常な風景」を目にしてのことであった。

路上で調理・販売されている「フライ饅頭《まんじゅう》」といった食べ物だけでなく、商売人の話し言葉までもが「大陸化」していたのだ。闇市の担い手には、在留した中国・台湾・朝鮮の出身者のほかに、大陸からの引き揚げ者も数多く含まれていた。当然、信用にもとづく旧来の大阪商法など、そこでは通用しない。

大陸化された「自由市場」の存在に、「身体がしまるやうな刺激を受け」、「胸のうち震ふやうな何か」を感じながら、まだこの段階では、「これがどう発展するかは……予想がつかない」状態であった、と鍋井は言う（同前）。

†明日の夢、昔の夢

けれども、半年を経ずして、彼はひとつの結論を得る。それは、「大阪の繁華街は、今や二つの南北ターミナルに代表されてしまつた感がある」、というものだ（以下、鍋井の言葉の引用元は「ターミナル南北盛り場」昭和二十二年六月）。彼の目は、再び《南》へと向き直され、阿倍野はいったん視界から消える。

鍋井は、「南の難波であるが、こゝは知識階級からは割合《わりあい》援護されないにも拘《かかは》らず、大阪の大衆には、一日も難波がなくては大阪に住む気持がしないと考へる程、難波が腹わたにしみ込んでゐる」とし、さらに「大阪的なる一面には、この難波的なるものが加はつてゐるやうにさへ思はれる」と指摘した――「ミナミと呼ばれる難波界隈は最も大阪的な盛り場である」と述べた黒岩重吾も、こうした語りの系譜に属していることがわかる。

ここで重要なのは、鍋井が復興後の大阪においても、難波が主役の座を譲ることはあるまい、と予言していたことである。当時、焦土から起ち上がろうとする大阪にあって、人びとは「難波へ難波へと押しかけて、戎橋筋から心斎橋筋へと……ぞろぞろ往来」していた――いちど灰燼に帰したことを頭では理解しながら、まるで「見残した昔の夢」を追いかけるかのように。

鍋井はいう、「その夢がやがて復興の現実となつて、生きた眼で眺められる」時が来るのだという希望を人びとはもっているのだ、と。

他方、終戦後、急速にその性格を変えて「新時代」に入りつつあった梅田界隈には、「異国情緒」が漂い、「新興文化街の空気」が濃厚となっていた。彼のまなざしの先には、力強く復興へと向かうベクトルを共有しながらも、あまりに対照的な《南／北》の場所性が浮かび上がっていたのである。

「昔を今に戻さうとしてゐるのが難波であるとすると、明日の夢を理想化しようとしてゐるのは梅田であらう。梅田には昔の夢はない」（同前）——現代都市・大阪の空間構造は、いまだこの言葉の延長線上に位置している。

第 2 章

ラビリンスの地下街

地下街ホワイティうめだの「泉の広場」(2019年1月、撮影：藤部明子)

キタは正に地下街と表裏一体をなしており、地下をのぞいてキタはないともいえるであろう。

（宮本又次『キタ』）

付近のビルの地下街、古い地下道の商店街などとあわせてマンモス地下街となった。土地を立体的に利用する一石何鳥かの地下街は、がめつい大阪人が生んだ傑作の一つといえようか。

（朝日新聞社社会部編『大阪・いまとむかし』）

ここまで巨大化した地下空間は、孤立した地下街とビルの地下フロアとターミナルが通路で連結されたものではなく、一つの地下都市と考えなければならない。

（堀晃「梅田地下オデッセイ」）

ＪＲ大阪駅前には、もうひとつの都市がひろがっている。多孔性の巨大な空間、〈地下街〉である。

1　梅田の異空間

†裏町を歩く

昭和三十（一九五五）年発行の観光案内誌『大阪ガイド』に、「大阪の裏町　北を歩く」というコーナーがある。来阪者が見物する場所は、大阪城や中之島、あるいは心斎橋筋・道頓堀・千日前に代表される《南》と相場がきまっていた当時、どちらかといえば軟派な部類に属する『大阪ガイド』は、そうした都市の表の顔にばかり目を奪われることなく、「もっとつっこんで大阪の実体を摑みたいものです」、と読者に誘いをかける。歩いて楽しく、見て面白いのは、「黄昏から夜にかけての盛り場、それも裏側」でしょうと言葉を重ね、読者を裏町へといざなうのだ。

《北》の盛り場と聞けば、阪急の娯楽・商業施設の集積する茶屋町などが思い浮かぶ。お初天神の飲食店街や夜の歓楽街《北新地》を含めてもよい。だが、「裏側」ということになると、新御堂筋を東にこえた堂山《どうやま》から太融寺《たいゆうじ》にいたる一帯となろうか。ここまでくれば、性的サーヴィスをともなう風俗営業の店舗やラブホテルもいりまじり、夜の帳《とばり》のおりるころには淫靡な雰囲気もただよいだす。

六十年以上も前の、そして戦後十年目の案内誌『大阪ガイド』が、読者の目を梅田の周縁部にむけさせることはなかった。真っ先に連れ出す先は、大阪の玄関口となる国鉄大阪駅（当時）の至近にありながら、足を踏み入れるには多少の躊躇《ちゅうちょ》がともなわれたであろうアングラ世界、「迷路梅田の地下街」である。地下街はそもそも「裏町」なのか、という疑問も浮かばないわけではない。

だが、当時の地下街は大阪駅前にしかなく、表通りに対する裏通りと同様、地表の街区に対して「裏町」的な空間だったのだろう。通行人にまじって「ある意味での自由を求めた娘さんも少なからず行き来し」ていたり、あるいは「家のない人がもっぱら仮の宿」とするなど、表通りとは異なる裏町らしさがそこにはあった。

†地下街の原風景

《北》の裏町を歩く導入として選ばれた地下迷路は、ほぼ同時期に発行された『アサヒ写真ブック37　大阪』（昭和三一年）の「梅田地下街」と題された見開きページのなかに、実際の風景を垣間見ることができる。

見開きの上部には、地下鉄谷町線方面から、梅田新道への通路を経て、阪神百貨店の地階にいたるパノラマ写真が配され、その下部には右ページに一枚、そして左ページに四枚の写真と、それぞれにキャプションが掲載されている。

図 2-1　「松葉」前の階段

右ページの大判の一枚は、階段の上り口に設《しつら》えられた立ち呑み屋の写真。そして左側には、大阪駅中央口から地下街への出入り口付近、コンコースに簡易な台を置いて新聞を販売するスタンド、阪神百貨店の北側を抜ける通路に開設されていた「全国各府県の名産品店街」、そして場所は明示されていないものの「地下街飲食店の町」という四枚である。

もう少し細かくみておこう。右側の一枚は、梅田地下街の名物店であった立ち食い串カツの「松葉」を写している（図2-1）。暖簾《のれん》に染め抜かれた店名から判断できるのだが——なじみの方には見慣れた光景であろう——、階段を上り下りする「我関せず」派のスーツ姿のサラリーマン、暖簾からお尻を突き出しながら「一寸一杯《ちょっといっぱい》」派の同じくサラリーマンとい

図2-2　地下街出入り口付近

図2-3　新聞スタンド

う構図は、ジェンダー比やファッションを考慮しなければ、平成二十七（二〇一五）年の閉店まで変わらなかったはずだ。

左側の出入り口付近の写真には、一枚の電飾看板が写り込んでいる（図2－2）。そこには、「地下連絡通路」と大文字で書かれた後に、「地下街・地下鉄・阪神電車・京阪神急行電車　方面」という文字がならぶ。残り三枚の写真は、最初の一枚にある「地下街」の内実と考えてよい。

まずは、新聞スタンド（図2－3）。コンコースの円柱に寄せるように荷台を設け、新聞を販売している。「讀賣新聞　夕刊8頁五円」という文字を読み取ることもできる。キャプションには、「明け暮れ知らずいつも天井に明るい広告灯が輝いているので灯火の心配はいらぬ経済的な立売屋さん　新聞だけが許可」と記されている。

この説明で重要なのは、傍点をふって強調しておいた文末の追記「新聞だけが許可」だ。写真を見るかぎり、たしかに「立売屋さん」は新聞スタンドのほかに見当たらない。

†ふたつの横丁

次いで、「全国銘菓名物街」（図2－4）のキャプションには、「大阪に働きにきている

図 2-4　全国銘菓名物街（「アリバイ横丁」）

図 2-5　地下の飲食店街（「ぶらり横丁」）

地方の人々はときに訪れ郷愁を感じたり慰めたりする」、とある。まったく奥行きのない壁面に張り付いたかのような店舗がならび、北は北海道から南は鹿児島まで、あますところなく郷土の名産品をそろえた名店街、すなわち通称「アリバイ横丁」として知られた店舗群を写しているのだ。

では、なぜ「アリバイ」なのか？　ここで再び昭和三十年の『大阪ガイド』にあった「大阪の裏町　北を歩く」を参照してみよう。

先ず、大阪駅を降りて、郷里のお土産を持って来るのを忘れた人は、ここに店開きしている各商店に各県のお土産物が並んでいますから、そこで求めるといいでしょう。包み紙もその土地のものを使ってくれますから、大阪で買ったことは絶対にバレません。大阪人は出張したことにして市内の二号邸にシケ込んでいた恐妻家諸氏の證明《しようめい》用に利用しています。

土産品の買い忘れ、カラ出張、浮気など、理由はさまざまであろうが、梅田の地下道にさえ来れば、日本全国の銘菓・名物を購入することができた。

じつのところ、この店舗群「全国銘菓名物街」を開設したのは、阪神百貨店である。『阪神百貨店のあゆみ』によると、昭和二十六年（一九五一）九月のことだ。設置の背景については、後で述べる。

図2-6　ぶらり横丁（2003年）

最後は「地下街飲食店の町」と題された一枚（図2－5）で、一見すると、まるで繁華街の片隅にある横丁のように、細い通路の両側に暖簾を掛けた飲み屋がならんでいる。キャプションには、「晴雨昼夜の別なくいつも電灯の光り輝く町　営業者は多くここを店舗のみに使用している」とある。しかし、これは地下の飲み屋街の写真なのだ。

すでにお気づきの方もおられるかもしれないが、ここは「ぶらり横丁」として知られた飲食店街にほかならない（図2－6）。

このようにみてくると、戦後梅田地下街の内実をはっきりと読み取ることができるだろう。もちろん、主要な機能は通路であるし、その他の役割も担っていたと思われるのだが、この空間を特徴づけてきたのは、新聞スタンド、アリバイ横丁、そしてぶらり横丁なのであった。

2　排除の空間

†はじまりの地下道

『大阪ガイド』（昭和三十年）の出版された当時、梅田のほかに地下街はなかったにもかかわらず、一般的に大阪最初の地下街は昭和三十二（一九五七）年にオープンした「ナンバ地下センター」であるとされている（大阪地下街株式会社編『大阪地下街30年史』）。すると、『大阪ガイド』に紹介された「迷路梅田の地下街」は、「地下街」ではなかったのだろうか？

そう、ときに「梅田地下道」と称されることもあるように、昭和三十年時点で大阪駅前の東西に広がる地下空間は、「街」ではなく「道（通路）」であった。

第1章でふれたように、大阪駅前の土地区画整理事業は昭和十五年に完了、それと並行して進められていた街路・地下道・広場を整備する都市計画事業もまた、昭和十七年までに概成する。国鉄大阪駅中央口から地下鉄・阪神をつなぐ交通路、それが大阪駅前の梅田地下道であった。構想段階で、「道路及び広場下には地下道が縦横に設けられ、その両側には売店等も出来るであらうから、わが大阪にも明るい地下街が出現」すると予想されていたものの(『大大阪』昭和十三年四月号)、戦局の影響が強まるなかで、関連する工事は中断を余儀なくされ、地下道は地下街へ変化することのないまま終戦を迎える。

そして、地下街となる契機は、じつに奇妙なかたちで訪れる。

†変転する地下空間

大阪駅前の地下に築かれた延床面積一万平方メートルにも及ばんとする巨大な空間は、戦時下・戦後を通じて、おもいもよらぬ役割を果たす。空襲が激しくなると、地下道はびくともしない防空壕となり、焼け出された人びとの屋根代わりともなった。終戦後は、当時の言葉をあえてもちいるならば、「浮浪者」や「戦災孤児」が雨露をしのいだり、火を焚いて暖を取るためのシェルターへと変じる――飢えと寒さで亡くなる人もあいついだ(朝日新聞社社会部編『大阪・いまとむかし』)。

罹《り》災者《さいしゃ》や身寄りのない人びとを受容した公共空間としての地下道は、はからずもこのことが負の要因となって、地下街への変態を余儀なくされる。たとえば、阪神百貨店によって設置された「全国銘菓名物街」(「アリバイ横丁」)――この「地下道の両側に商店を並べるアイデア」は「地下道から浮浪者を追出す一策として生れた」のだ(同前)。怖くて通行することができないという苦情が、市役所に多数寄せられたからであるという。

また、実態ははっきりしないものの、終戦後の地下道には空襲で焼け出された人や引き揚げ者が住みつき、駅前の地上部と同様、「闇市」が形成されていた。怖くて通れない、という語りは、闇市の存在にも起因していたのだろう。管理者である大阪市は、悪質な業者を排除して環境を改善すべく、特定の団体・個人に対してのみ、地下道の占用許可を出す。

営業の許可を受けた唯一の立ち売り業者、それが先にみた「新聞スタンド」である――昭和二十四(一九四九)年のこととされている。立ち食い串カツの店「松葉」も同じ昭和二十四年の開業だ。一貫した環境浄化策のなかで選抜された業種・店舗だったのだろう。新聞スタンドも、串カツの松葉も、そしてアリバイ横丁までもが、排除を目的として成立していたのである。では、「ぶらり横丁」はどうであろうか? こちらもまた「闇市」対策の一環として、市から占用許可を得た大阪市民共済会が飲食店の業者に「また貸し」

をするかたちで、昭和二十八年に開業していたのだった。

すると、結論はこうなる。地下道として開発された空間に居ついた「浮浪者」や許可なく占有した「闇市」の業者を追い出し立ち退かせるべく、特定の商業機能を配置したことで、たんなる通路が「街」になった、と。

事実上の大阪初の地下街は、「排除の空間」として生まれた。

†繰り返される排除

梅田地下の空間は、みずからの誕生譚を無意識裡に再現する。平成二（一九九〇）年、「国際花と緑の博覧会」（花の万博）をきっかけに、大阪市は「美観を損ない、通行に支障をきたす」として、梅田地下街の「名物」たる新聞スタンドを強制的に撤去した（『日本経済新聞』一九九〇年四月十四日）。裁判で業者たちは「昭和二十四年に市当局や警察から口頭で営業の許可を得ており、市もこれまで新聞、雑誌置き場として駅の倉庫を貸してくれた」と反論している。「複雑な地下通路。地方から出てきた人も多く、一日で二百五十人に道案内したこともあった。スタンドは八〇年代まで十店以上あり、それぞれに固定客がいた」とも語られている（『朝日新聞』二〇一五年七月九日）。

ビッグイヴェントのたびに地下空間は変容する――平成二十六（二〇一四）年三月に「アリバイ横丁」として親しまれてきた「阪神百貨店ふるさと名産街」が閉鎖された。東京オリンピック・パラリンピックの開催される二〇二〇年にむけて、幅八メートルの通路を十五メートルに拡幅するというのだ。またしても、国際的なイヴェントが背景にある。翌年には、串カツの「松葉」、そして「ぶらり横丁」までもが「不法占拠」であるとして立ち退きを求められた。

忘却されていたとはいえ、空間的排除の記憶が刻まれた狭小な商業空間は、ここに終焉する。

3　もうひとつの都市

†地下街の拡散

地下道に店舗が配置されることで梅田の地下空間は地下街となったものの、大阪最初の計画的な地下街として位置づけられるのは、あくまでナンバ地下センター（現ＮＡＭＢＡ

なんなん）である。《北》の復興・発展を下支えした梅田地下街の変容を受けて起業した半官半民の「大阪地下街株式会社」が、テストケースとして難波の地下街を建設したのである。同社には実績がないため、工事そのものは大阪市に委託されたのだが……。

昭和三十二（一九五七）年の暮れに誕生したナンバ地下センターは、計画段階では地下街に対する一般的な評価がさだまっていなかったために出店希望者があつまらず、飲食店街の予定区画がふさがらないままに開業したという。ところが、いざふたを開けてみると、「地下街ブーム」をまきおこすほどの集客に成功した。

西口は地下鉄難波駅に連絡、南の地上部には高島屋が位置し、北側は南街会館（現・東宝南街ビル）に接続、東を地上へあがれば繁華な戎橋筋に出るという立地条件も幸いしたのだろう。この成功を受けて、同社は地下街の開発を次々と手がけてゆく。本格的な開発の最初はウメダ地下センター（現ホワイティうめだ）で、昭和三十八（一九六三）年十一月にオープンする。立地の優位性にくわえて、ナンバ地下センターの評判も好影響を及ぼし、店舗区画百八十五件に対し、二千を超える応募が殺到した。

ウメダ地下センターは、その後、第二期が大阪万博にあわせて開業、第三期では現在のＪＲ線を超えて阪急梅田駅と接続するプチシャンゼリゼ通りが完工する。時期は前後するが、梅田地下道の西側では、市電南北線に代わる地下鉄3号線（四つ橋線）の上部に堂島地下街が（昭和四十一年七月）、東側では阪急三番街（同四十四年）も開業する。こうして、地下道から出発した地下街は四方に触手を延ばして迷路のような空間をつくりあげた。それをさらに複雑化させているのが、駅前のダイヤモンド地区を中心に、地階を通路に接続させるビルが増えたことだ。大阪駅前の地下空間は、およそ数え切れない出入り口をあてがわれて迷宮の度合いを高めている。

ところで、詩人であり労働運動にもたずさわった寺島珠雄《てらしまたまお》（一九二五―一九九九）は、寄せ場として知られる《釜ケ崎》を「同じ形態の町である山谷」と比較しながら、前者には立ち飲み屋が圧倒的に多いことを指摘する。立ち飲み屋の多さは大阪／東京という都市全体の対比のうえでも成り立つとし、「大阪では労働者街に限らず、キタのビルのなかにも地下街にもといった具合に、人の流れ寄るところに立ち飲み屋がある」と述べた（寺島珠雄編著『釜ヶ崎語彙集1972-1973』）。ウメダ地下センターについて、「目抜きの場所に、ちゃんと五十人は楽に収容できる『立ちのみ屋』を四軒も並べたところは、いかにも大阪的だ」などとも称されている（『讀賣新聞』一九七二年六月十六日）。

たしかに現在も朝の九時から「一寸一杯」やることのできる（立ち）飲み屋が地下街に

ある。興味が持たれるのは、「NAMBAなんなん」には横丁のような飲食街が設定されており、「あべちか」にいたっては「あべの横丁」なる区画を設けて、飲食店を配置していることだ（本書第1章も参照）。これらのプロトタイプは、まちがいなく梅田地下街の「ぶらり横丁」であったはずだ。

†地下街ラビリンス

阪急と阪神と地下鉄と大阪駅とから《ママ》の地下街の交叉点は、どちらが西か東かわからなくなります。まさに迷路というところです。　（『大阪ガイド』）

『大阪ガイド』の刊行された昭和三十年当時、梅田の地下街は現在ほど複雑ではなかった。本来、地下街の空間構造は単純そのものである。なぜなら、国道や府道など、公共性の高い道路や公園の下を掘り抜いただけであったのだから。地上の道路地図を頭のなかに描けるのであれば、地下街でも迷うことはない……はずだ。

しかしながら、地上部と地下街とを結ぶ階段の方向が変わったり、地上のランドマークがみえなくなると、一瞬にして方向感覚は失われる。慣れた人ならともかく、初めて訪れた人、子どもや高齢者にとっての地下街は、いまもかわらず迷路となるにちがいない。阪急・阪神・地下鉄の梅田駅と大阪駅とが結節する交通繁華な空間であるだけに、「ここを歩いている人たちは皆んな忙しそうで、ぶらぶらしている人はあまり」いない（同前）――これは、現在にも通ずる光景である。おそらく、歩行者の速度もまた（とくに大阪の人は速いと言われる）、流れに乗ることのできない人を迷わせる効果は絶大だろう。

梅田地下街は「地図にない街」でもあった。

大阪の地図にない街、これが梅田の地下街である。こんな区域は全国にない。近代大阪市が誇る一つである。

（『アサヒ写真ブック37　大阪』）

当時はまだ厳密な意味での地下街ではなかったけれども、この語りは後々まで引き継がれる。たとえばウメダ地下センターの工事がはじまった昭和三十六（一九六一）年発行の牧村史陽『大阪ガイド』には、「町名も番地もなく、従って地図にも書かれていない町」とあるし、完工後の地下街を「いまや大阪新名所のナンバーワンだ」と喧伝する朝日新聞社社会部編『大阪・いまとむかし』では、「北区梅田一番地の一地先――ここは地図にはない」と紹介されていた。当然、地図のない街でもあったはずだ。地図に／のない街――梅田地下ラビリンス。

地下街では、基本的に空間の「遊び」は存在しない。区画やゾーンごとに用途が明確にさだめられているからだ。機能と空間は一対一で対応している。そうであるがゆえに、「各地の名産品を陳列する壁面から奥へとすり抜けて行く狭い路地があり、そこには入り組んだ格好で小規模な飲み屋が軒を接し合って」いる場所――すなわち「ぶらり横丁」――も、約三十年前の都市論者の目には「均質化された味気ない空間」と映る（土佐昌樹「都市と地下街」）。

のれんやしきたりを大切にする大阪商法は、もうここでは通用しないのだ。そんなせいか、モダンなこの地下街からは、がめつい大阪のにおいは感じられない。どん欲な地下街は土地の個性まで飲みこんでしまうのか。よくいえばコスモポリタン化、悪くいえば植民地化。地下街を中心にミナミを追抜こうというキタの姿である。

（朝日新聞社社会部編『大阪・いまとむかし』）

移動のための通路を商業主義のスペクタクルに変換する空間装置、それが地下街であるとするならば、土地の個性など、いともたやすく飲み込まれてしまうことだろう――没場所性《プレイスレスネス》という人文地理学の用語が再び想起される。

しかしながら、地下街は呼吸をしている。行き来する人を介して、地上部の空気（＝場所性）にもふれているのだ。「ホワイティうめだ」の東端に位置する「泉の広場」――扇町通・新御堂筋の交差点地下にあたる――には、堂山や太融寺あたりの妖しい夜の空気がたっぷりと流れ込んできていたはずだ（本章扉写真）。

堀晃のSF小説「梅田地下オデッセイ」よろしく、たしかに時間がくればシャッターがおろされ、出入りは不可能となる。けれども開かれた状態にあるとき、地下の空間はあてがわれた機能にしばられることなく、ときには野宿する人の一時的な居場所となったり、またときには悪戯的な「遊び」を生み出すことさえある――それらは、またしても排除の対象となるのだが……。

「均質化された味気ない空間」であると切って捨てられた「ぶらり横丁」にしても、休みなく前進するスペクタクル化の最後尾にとどまりつづけたことで、かえって大阪らしい都市の奥ゆきを体現していたとも言えるのではないだろうか。時代から取り残されたなどと言ってしまえばそれまでなのだが、足早に帰路を急ぐ人たちのかたわらで、昭和二十年代に開発された横丁の丸椅子に腰をかけてビールの満を引く光景には、たしかに空間的な裂け目があった。だが、だれもそれを気にかけることはない。あいまいに断絶された諸種の〈場〉の共在を可能にする澱《おり》のように堆積した目にみえない空間の歴史が、人知れずに染みわたっていたかのようだ。

大阪初の「地下街完全ガイドブック」を謳う『大阪地下街本（ぴあMOOK関西）』に寄せたエッセーのなかで、作家の柴崎友香《しばさきともか》はいみじくも地下街を「もう一つの大阪」であると称した。地下街は「土地の個性を飲みこんでしまう」どころか、むしろ土着化してオルタナティヴな大阪を創り上げたというべきだろう。

ただし、空間管理の強度はますます高まっている。オーウェルの一九八四型「地下街オデッセイ」の世界も、そう遠い未来のことではないのかもしれない。

第 3 章

商都のトポロジー

船場・唐物町の繊維問屋街(1954年11月、提供:毎日新聞社)

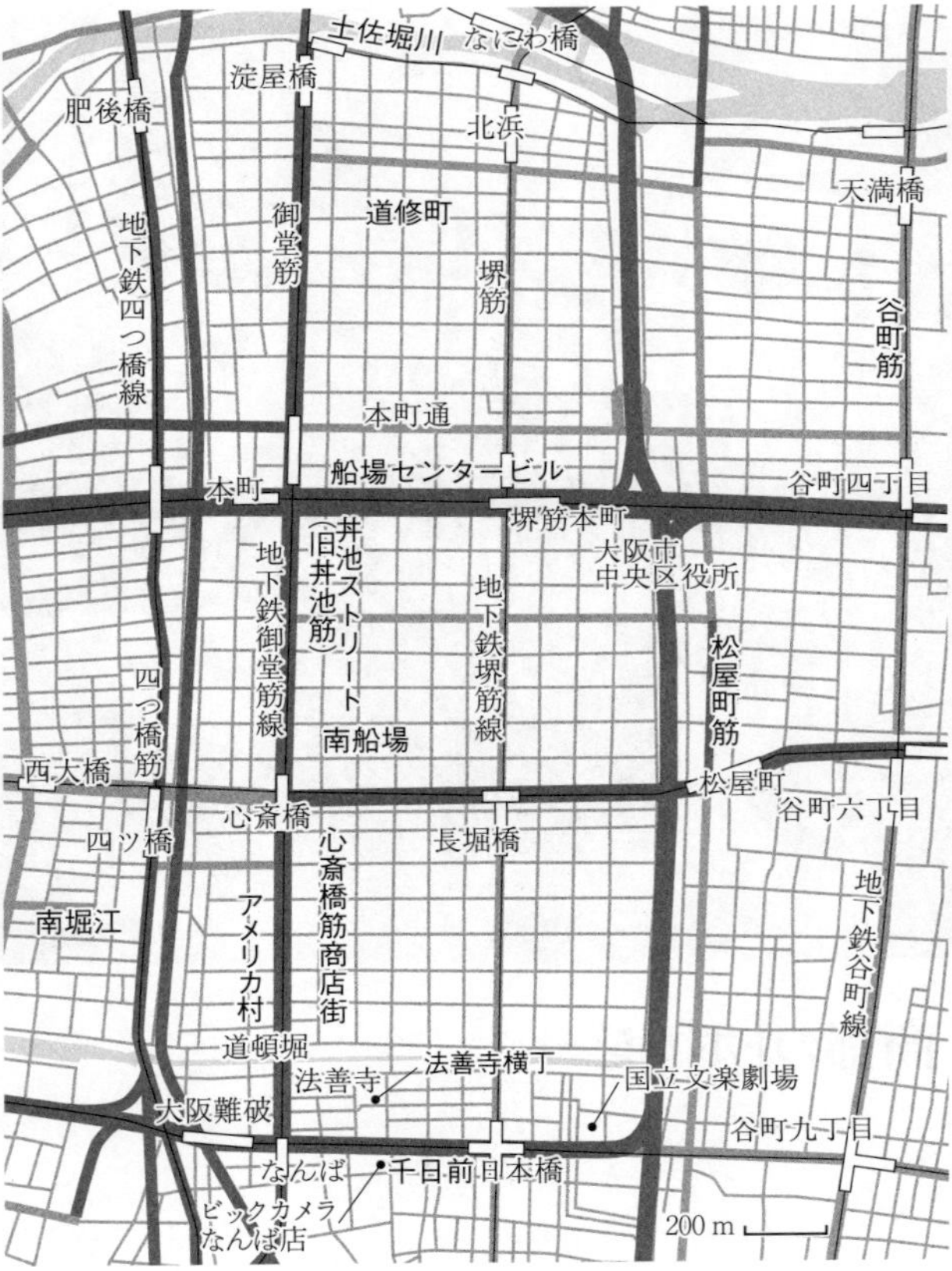

図 3-1　淀屋橋～法善寺（さらに南は第 5 章図 5-1 参照）

1　起ち上がる大阪

†焦土と化した街

アジア太平洋戦争の末期、昭和二十年一月から八月にかけて断続した米軍機（Ｂ29）の空襲によって、大阪の中心市街地は壊滅的な打撃を被り、焦土と化した。なかでも、三月十三日の深夜から十四日にかけて来襲した米軍機は、都心部の全域に六万発以上の焼夷弾を投下し、その被害は死者・行方不明者を含めて四千名を超える規模に及び、既成市街地の中心部を焼き尽くす。

この第一次大空襲以後、沖縄戦にＢ29が投入された四・五月を挟んで、六月に入ると再び大空襲を受け、湾岸三区（此花・港・大正）の工業地帯を中心とするひろい範囲が被災した。正確な数字は不明なものの、昭和二十年の大阪空襲は、数十回にわたるとされ、その被害は死者約一万人、建物罹災面積約五十一平方キロメートル（焼失家屋三十一万戸）に達したとも言われる。

一連の空襲によって、城下町を基盤として発展したモダン大阪の都市空間は、その大部分が消滅した。しかしながら、この都市は再び起ち上がる。

†織田作の戦災余話

三月十三日夜半の大空襲から十日ほど後、織田作之助は《南》の盛り場「千日前」を探訪する。彼の馴染んだ劇場、銭湯、飲食店などは、軒並み焼け落ちていた。「B29の暴虐爆撃」に憤りを隠さない彼ではあったが、はやくもそこに「起ち上ろうとする大阪」、あるいは「起ち上りつつある大阪」の「表情」を読み取り、次のようなエピソードを挿しはさみながら、たくましさあふれる光景を「戦災余話」としてつづっている(「起ち上る大阪——戦災余話」昭和二十年四月)。

《南》へとやって来た織田作は、そこで行きつけの喫茶店である「花屋」の店主・他三郎(仮名、愛称「他アやん」)と、偶然にも再会をはたす。

実のところ、他アやんはもうどっかへ疎開していて、会えないだろうと私は諦めていた。ところが、行ってみると、他アやんは家族の人たちと一緒にせっせと焼跡を掘

りだしていて、私の顔を見るなり、

「よう、織田はん、よう来とくなはった。見とくなはれ、ボロクソに焼けてしまいました。さっぱり、ワヤだすわ」

と言ったが、他アやんはべつに「さっぱりワヤ」になった人のような顔をしていなかった。

「ワヤ」とは、「駄目（ダメ）」とか「無茶苦茶」を意味する「大阪ことば」である。他アやんは頼る先がありながら、疎開をすることなく《南》にとどまり、焼け残った防空壕のなかで家族四人と生活をしていた。「防空壕《ここ》やったら、あんた、誰に気兼遠慮《きがね》もいらんし、夜空襲がはいっても、身体動《いの》かす世話はいらんし、燈火管制《とうかかんせい》もいらんし、ほんま気楽で宜《よろ》しあっせ」、というのだ。

他アやんは別れ際、織田作に向かって、「わては最後までこの大阪に踏み止って頑張りまんねん」と言い、「戦争済んだら、またここで喫茶店しまっさかい、忘れんと来とくなはれ」と念押ししたのだった。

罹災から一ヵ月とたたずして、はやくも起ち上がろうとする／起ち上がりつつある大阪を目の当たりにした織田作は、「何ものにもへこたれない大阪人の粘り強さ」に「興奮」を覚え、「戦災余話」として「起ち上る大阪」を執筆したのである。

†場所への愛着

前述のとおり、六月に入ると大空襲が再開され、「起ち上ろうとする大阪の出鼻をくじき、足をすくい……大阪を土俵際まで押し込んだ」(「永遠の新人――大阪人は灰の中より」昭和二十年九月)。しかしながら、織田作は、再び他アやんや、この後にふれる参ちゃん(三ちゃん)を引き合いに出しつつ、「敲《たた》かれても敲かれてもへこたれぬ粘り強さ」に希望を見いだし、「戦前以上の立派な大阪」が「再建」されるだろうと、力強く予言する。

「起ち上る大阪――戦災余話」から一年後に発表された「神経」(昭和二十一年四月)にも、三たび、他アやんと参ちゃんが登場する。第一次空襲から十日後、千日前で他アやんと出会い、彼の口から「わては焼けても千日前は離れまへんねん」という言葉を聞いたその足で、今度は、中学生のときから通っていた書店「波屋」の店主である顔馴染みの参ちゃんに、声をかけられる。

私は参ちゃんの顔を見るなり、罹災の見舞よりも先に、

「あんたとこが焼けたので、もう雑誌が買えなくなったよ」

と言うと、参ちゃんは口をとがらせて、

「そんなことおますかいな。今に見てとくなはれ。また本屋の店を出しまっさかい、うちで買うとくなはれ。わては一生本屋をやめしめへんぜ」

と、言った。

「どこでやるの」

と、きくと、参ちゃんは判ってまっしゃないかと言わんばかしに、

「南でやりま。南でやりま」

と、即座に答えた。


「千日前を離れない」という花屋の他アやん、《南》での再起を約束する波屋の参ちゃん——織田作は二人の「千日前への執着がうれしかった」がために、「起ち上る大阪」というタイトルを付けたのだと告白する。同じ文章のなかで「無理矢理に大阪の前途の明るさをほのめかす……バラック建のような文章」であったと自己批判をしたものの、花屋も波

屋も二つの記事（「起ち上る大阪」と「永遠の新人」）で取り上げられたことに励まされて、店舗再開にこぎ着けたのだった。

織田作の目にした大阪の「復興」の背景には、土地・建物の権利関係や制度的な枠組みだけでは捉えきれない、場所への愛着があった。

†船場トポフィリア

どちらかといえば都市周縁の街を舞台に選ぶ織田作が、初出誌不詳ながら「神経」と同じ昭和二十一年前半の作である「大阪の女」においては、昭和二十年三月十三日の大空襲を背景としつつ、バラックを建てて喫茶店を再開した母、そしてその娘の二代にわたる人生を翻弄した「船場《せんば》の古い因習」をモチーフに描く。

船場とは、北を土佐堀川《とさぼりがわ》、東を東横堀川《ひがしよこぼりがわ》、南を長堀川《ながほりがわ》、そして西を西横堀川《にしよこぼりがわ》に囲まれた、南北に長い一帯の名称で、ふるくから大店《おおだな》の商家の集まる、いわば商都の心臓部であった。銀行・証券会社などの集積する北部の金融街を北船場、繊維関連企業の集まる本町《ほんまち》一帯を中船場、それよりも南側を南船場と称したり、東・西の横堀川に近い方を、それぞれ東船場・西船場と呼ぶこともある。

商いを中心に食や着衣、言葉も含めて、船場は町人文化の中心であり、それら固有の慣習――織田作の言葉を借りるならば「古い因習」――は、数多くの近代文学・歴史小説の題材となった。織田作の「大阪の女」が「船場の古い因習の犠牲」になることを嫌い、それをたたきこわす「覚悟」を示した女性を描く一方で、その船場に移り住み「御寮人《ごりょうん》さん（奥さん）」・「御家《おえ》はん（女隠居）」と呼ばれることを「生涯の念願」とする女性の一生を描いたのが、山崎豊子の「船場狂い」（昭和三十三年）である。

この作品もまた、第一次大空襲によって「一夜のうちに焼き払われ」た船場を描く。「船場への強い執着」を隠さない主人公・久女《くめ》は、「自分の生涯は、船場を取り囲んで流れる四辺の川ぶちを、ぐるぐる廻って、それだけで終わってしまいそうな不安」に駆られながら、けっしてあきらめることなく、末娘を「東船場の端くれ」にある紙問屋の一人息子に嫁がせることで、越えることのできない壁のようだった堀川――そして自身の人生そのもの――に突破口を開いた。

昭和十九年夏に出征した娘の夫は、終戦から一年半後にようやく帰還してくる。久女は、元気を取り戻しつつあった義理の息子に、「……体がようなりはったら、真っ先に、あの船場の焼跡へ、もと通りの店建てまひょな」とけしかける。いささか頼りない義理の息子をよそに、久女は見事、紙問屋を新築し再興してみせた。
「船場はもう、昔の船場ではな」くなってなお、久女は「何十年も前から船場に生まれ、育って来た」かのように、船場の慣習を頑なに守る。愛着をはるかに通り越した場所への執着、「船場狂い」――人文主義地理学者イー・フー・トゥアンの言葉を借りれば、それこそがトポフィリア（偏執的な場所愛）なのだろう。

ところで、詩人・小説家の富岡多恵子《とみおかたえこ》は、この「船場狂い」に寄せて、「いわゆる『大阪もの』で鼻につくところがあるとすれば、書き手が『船場・島の内』的なものの内部にいて、その『文化』にどこかで陶酔していることだったが、この小説にはそれがない」、と述べたことがある。おそらく、この指摘は、織田作の「大阪の女」、そしてこの後にみる司馬遼太郎《しばりょうたろう》の「丼池《どぶいけ》界隈」にもあてはまるだろう。

> 船場は、空襲とともに跡かたもなくなり、老舗の人々は四散した。そして、そこには伝統も、因襲もない裸一貫の人々が、どやどやと移り住んだ。（「船場狂い」）

〈船場的なるもの〉の命脈は一部の老舗によって保たれながらも、大勢は伝統や因襲から自由となり、商都の心臓部は変態を遂げてゆく。

†復興の風景と場所感覚

空襲被害から起ち上がる大阪を象徴したのは、部分的に闇市の装いをまとって復興した《南》の商店街と、そこに雑踏する人びとが織りなす、賑わいのある風景であった。「見残した昔の夢」を追いかけるかのように、心斎橋筋をぶらぶら歩き――いわゆる「心ブラ」――する人びと（鍋井克之「ターミナル南北盛り場」昭和二十二年）。

藤沢桓夫もまた、この光景を目にしていた。「最近すっかり復活してけばけばしく賑わっている心斎橋筋、あそこの人波のなかを歩いていると、その辺がついこの間まで焼野原と化していたのを理屈では忘れていないくせに、ともすれば昔からあった心斎橋筋を歩いているような気分に陥りがち」になることを、同じ大阪の出身で洋画家の田村孝之介《たむらこうのすけ》（一九〇三―一九八六）と話し、その錯覚を笑いあったという（「大阪の顔」昭和二十三年）。

大阪の「健在」を実感し、「東京なんか屁とも思っていない」と彼が述べたのは、まさにこの文脈であった（本書第1章を参照）。「起ち上がる大阪」――藤沢自身の言葉では「焦土のなかで羽ばたいた商都大阪」――の力の源を、彼は「大阪の人間のいつに変わらぬ生活力の強さ」、さらには（おそらく織田作に同感して）「大阪人の二枚腰の粘り強さ」に求めたのである。

「もう二、三年もすれば、誰もが焼ける以前の心斎橋筋の姿なんかきれいさっぱり忘れ切ってしまって、昔のままの心斎橋筋を歩いていると思うようになるに違いないのだ」（同前）という藤沢が、たとえば「大阪も変ってしまった、という他はない」としながら、「唯一つ、昔も今も変らないのは、南の盛り場、心斎橋筋の雑踏である」といい（「大阪の散歩道」昭和四十一年）、あるいは「昔のままのミナミの盛り場がそこによみがえった感じだった」というあたり（「ミナミの盛り場」昭和四十五年）、彼自身をして戦災を忘れさせる――そして「昔のまま」と錯覚させる――ほどに、《南》は復興したのである。

2　同業者街の変動

†新旧の商工地図

大阪は、大小の商店街とともに、同業者ばかりの集まる多様な街の存在によって、商工の都となる。このことをもっとも鮮やかに描いてみせたのは、伊勢戸佐一郎《いせとさいちろう》「大阪市内主要問屋街（昭和十四年はじめ）」であろう。これは、『大阪市電話番号簿』（昭和十四年）に記載された事業所の情報を『大阪地籍地図』（明治四十四年）にトレースした労作で、〈商都〉として一括りにされる大阪の都市空間を見事に解剖してみせる。解説文を読みながら地図を目で追うだけでも、まるで著者の案内で路上観察をしているようで、じつに楽しい。

この「大阪市内主要問屋街」で取り上げられるのは、計十四カ所の「問屋街」である。いとわずに列挙してみると、①北浜・今橋の証券業、②本町周辺の洋反物商、③本町筋の太物反物商、④呉服商・紙商の混在する南本町、⑤南久宝寺町《みなみきゅうほうじまち》の雑貨・小間物商、⑥谷町の羅紗《らしゃ》商、⑦道修町《どしょうまち》の薬種問屋、⑧堺筋塩町《さかいすじしおまち》の砂糖商、⑨西横堀の銘木商、⑩島之内の襤褸《ぼろ》問屋、⑪堀江立花通《たちばなどお》りの家具屋街、⑫戎橋筋商店街、⑬八幡筋の道具商、そして⑭心斎橋筋商店街となる。

①の金融街、⑫・⑭の商店街は、問屋街とは言えないかもしれないが、いまも変わらぬ繁華な街だ。①〜⑤と⑦〜⑨の計八カ所が船場に、⑥・⑩・⑪・⑬の四カ所は船場の外に位置している。

そしてもうひとつ、『大阪商工地図　主要問屋街・商店街・観光・交通』（昭和三十三年）

を付録して解説をくわえた、本渡章《ほんどあきら》『続々・大阪古地図むかし案内――戦中～昭和中期編』がある。本渡は問屋街を「商都の背骨」と位置づけて、戦後に息づく「問屋街の伝統」を描く。「大阪市内主要問屋街」と『大阪商工地図』とを読み比べれば、商都を構成する場の連続性と断絶、新たに芽吹く商景を、ある程度まで把握することができる。

†谷町筋の「既製服」と「機械」

たとえば、『大阪商工地図』をみると、大阪城の西側、谷町筋に沿った一帯に「既製服」の問屋街がある。そして、その南側には「機械」の街区が南北に延びている。明治期以降、天満橋《てんまばし》から谷町五丁目あたりまでの一帯は、洋服の既製品を取り扱う「既製服」の問屋街として知られていた。空襲でいったんは灰燼に帰すも、三丁目以北の『大阪商工地図』に描かれた範囲に問屋街は復活する。大阪谷町既製服協同組合が設立されたのは、昭和二十六（一九五一）年のことだ。また、長堀をまたいで、六・七丁目にかけては、機械・工具・地金などの問屋が、戦後も百七十軒ほど集積していた。

いっけんすると無関係としか思えない「既製服」と「機械」の組み合わせ。だが、両者には結びつきがあった。伊勢戸は「大阪市内主要問屋街」のなかで、羅紗（毛織物）商が集積し、洋服の普及とともに事業者がふえた背景について、次のように説明する。すなわち、大阪城とその周辺に府庁ならびに警察本部、さらには軍事施設〔第四師団、歩兵第八連隊など〕が立地し、官服・軍服の需要が拡大したからである、と。「官庁や兵舎の近接地で、品物〔既製の官服〕を納入しやすい地理的条件」のもとに、問屋街が形成されたというわけだ。

このように一〜四丁目に既製服の問屋が建ち並んだ一方で、五丁目以南には「軍需関連の機械商」が櫛比《しっぴ》した。師団その他、軍事施設の立地に起因した集積だったのである。つまり、大阪城とその周辺の土地利用に連関した産業集積が、業種に応じて空間的には分化するかたちで起こっていたのだ。

地図を読んでいるだけでは、わかるようでわからない歴史物語が、ここにはある。

†船場の問屋街

船場で著名な問屋街といえば、薬の道修町《どしょうまち》をあげることができよう。江戸期以来、薬種商が集積し、名だたる製薬会社の社屋が現在も建ち並ぶ。戦災をまぬかれた建物も部分的に残り、往時の船場の面影をいまにつたえる街だ。谷崎潤一郎の『春琴抄』の舞台ともなった。

『大阪商工地図』では、その南側（瓦町）に、道修町よりも長く紙の問屋街が東西に延び、また雑貨・小間物・化粧の卸商が櫛比した南久宝寺町も、店舗は激減したとはいえ、いまも立派な問屋街である。東横堀川にかかる久宝寺橋から御堂筋へいたる東西約一キロメートルの街区には、南北両側にアーケードが設置され、卸商の集積する問屋街というよりは、いっけんするとどこにでもある商店街のようだ。

堺筋と安堂寺橋通りの交差点西側一帯には、「砂糖」と書かれている。付近には、現在も大阪砂糖会館がある。

†丼池の繊維問屋街

戦後、焼け跡に従前の機能を復興させた戦前からの街区がある一方で、「大阪市内主要問屋街（昭和十四年はじめ）」には登場しない、戦後派の問屋街も存在した。船場に新たに誕生した繊維関連の問屋街「丼池《どぶいけ》」である。

心斎橋筋と三休橋筋《さんきゆうばしすじ》とにはさまれた南北に細長い丼池筋は、戦前まで高級な建具・家具を取り扱う卸商の街であった。南堀江の家具の街「立花通り」（現在の「オレンジ・ストリート」、図3－5）よりも、高級品を商っていたという。

この高級家具街が、戦後は一変して、いわゆる「糸へん景気」ないし「ガチャマン景気」を背景に、繊維商品ばかりを取り扱う現金問屋の街となった。この急成長した問屋街を舞台とした文学作品に、司馬遼太郎「丼池界隈」がある。

日本一の繊維街、一日でこの街だけで二十億の金が動くという大阪の丼池筋は、客と店員と品物のほかは、土も見えないといわれているほど建て込んだ処《ところ》だが、それだけにちゃんと構えた店舗はほぼ半数しかない。あとは、市場形式の安ビルだ。安ビルの中に、数百軒の店が腸詰《ソーセージ》の肉みたいに押詰まっている。店といっても、一間四角の机があるだけ。その机の上に生地や既製服を積みあげて、電話一本で荒く大きい商売をやる。「別珍の朱地《ぼたん》の規格品《かんぱち》、五反回してンか」と地方の小売店から電話が掛かってくると、すぐ別の電話で方々の問屋を呼びだし「別珍の朱地、お前の店《うち》ナンボやア、え、ヤール二百六円。二円負からんか」と、居ながらで利鞘を稼いで商いする。だから、別称「イザリ・ブローカー」ともいう。ガタ政は、そのイザリのひとりだ。

図3-2　船場センタービル（撮影：藤部明子）

主人公のガタ政こと駒田政吉は、丼池に店を構える「イザリ・ブローカー」である。店といっても、店舗ではなく、机ひとつで商いをする「台屋《だいや》」なのであった。もとは道修町にある漢方薬問屋の手代で、ゆくゆくは養子に入って「いとさん（一人娘）」をめとることになっていたものの、不慮の事故と終戦とによって話は立ち消えとなり、主の一家を見返すべく出奔《しゅっぽん》して、戦後、丼池に「台」をもって身を立てていた。

そんなガタ政には、ひとつの夢があった。それは、「丼池の雑然たる空気とはちがって、本格的な繊維問屋がずらりと並んでいる」「船場の中心街」、唐物町《からものまち》（本章扉写真）へ進出することである。

物語は愛しい「いとさん」との再会をはたし、すったもんだの末、とりあえずはハッピーエンドを迎えるのだが、ガタ政の夢見た唐物町（通り）は、いまは存在しない。大阪市の中心部を東西に貫通する中央大通りの開発によって、問屋群は立ち退きとなったのである。

櫛比した問屋の移転先として選ばれたのは、中央大通りの中央部を走る阪神高速13号東大阪線の高架下に建設された船場センタービルであった（昭和四十五年開業、図3－2）。船場に商家を構えることに生きがいを見いだした久女の生涯をふりかえるまでもなく、東西約一キロメートルにわたる高架下の空間を雑居ビルとして利用するという合理的な発想それ自体が、〈船場的なるもの〉からの離陸をはっきりと示している。

†玩具・人形・菓子の問屋街

以上、船場の問屋街についてみてきたが、船場以外の特色ある問屋街も一瞥《いちべつ》しておきたい。

松屋町――大阪にあって、これもまた難読地名のひとつだ。道路標識をみると、「Matsuyamachi」とあるけれども、一般には「まっちゃまち」と呼ばれている。西の御堂筋となにわ筋、そして東の堺筋とならんで、市街地中心部における南北の主要幹線である松屋町筋は、昭和七（一九三二）年から拡張・整備された道路である。

歩くとすぐにわかるのだが、両側に建ち並ぶ店舗の看板や種々の工夫をこらしたアイキ

図 3-3　松屋町（撮影：藤部明子）

ャッチには、たとえば「玩菓」という文字が記されている。玩菓とは、「おまけ」の付いた菓子類のことだ。そう、南久宝寺の交差点から瓦屋町《かわらやまち》あたりにかけて、駄菓子・玩具・人形を取り扱う卸問屋がならぶ商店街を形成しているのである（図3－3）。

縁日の屋台や夜店を彩る玩具、駄菓子屋で子供たちを楽しませてきたくじ付きの菓子などを扱う問屋が松屋町の南部に多いのに対して、北部には「ひな人形・五月人形・鯉のぼり」を看板に掲げた大きな店舗がならんでいる。なかには、花火を取り扱う店もあるようだ。いずれも、季節性のある商品である。包装資材や紙製品を扱う問屋が散見されるのも、場所柄であろうか。とはいえ、問屋の跡地にそのまま賃貸マンションが建設されているなど、脱商業化の波がここにもひたひたと押し寄せている。

商店街のアーケードの南端からは、上町台地の傾斜をのぼる空堀《からほり》商店街へもアクセスすることができるので、街歩きには格好の場所である。空堀商店街とその界隈は、大空襲による焼失をまぬかれた木造建築が密集し、最近ではリノベーションによる飲食店などもふえてきた。

†道具商の街

船場とは異なり、かつて粋な町でとおった島之内《しまのうち》にも同業者街があった。たとえば、そのほとんどをお茶屋が占める花街（宗右衛門町）もそのひとつであるのだが、ここでは問屋街に限定しよう。

《八幡筋》は、骨董・唐木《からき》・銅器・古道具などを扱う道具商が約百軒も集積する街路であった。戦後は五分の一にまで激減し、宗右衛門町側から押しよせた「脱花街化＝歓楽街化」の波にのまれるようなかたちで、現在はすっかりその趣を異にしている。わずかながらに残る店舗もあるが、夜の街をゆく酔客がそれと気づくことはあるまい。

《千日前》の道具屋筋と家具の問屋街も独特だ。ここにくれば、鍋や包丁などの調理器具から食器、さらには暖簾から赤提灯にいたるまで、飲食店に必要な道具類の一切をそろえることができる。戦災から復興して戦前の最盛期をしのぐ集積ぶりで、細いアーケードの商店街は、一瞬、飲食店街と錯覚するような商の風景が展開している（図3－4）。

道具屋筋のすぐ東には、家具の問屋街がある。ここは戦後派で、不揃いの椅子やソファ、テーブルなど、中古の商品を所狭しとならべた店舗がかたまっていた。多様な飲食店の一大集積地である《ミナミ》、商売は水物、店舗面積の狭小な水商売も少なくない。その《ミナミ》の少しはずれにあるこの街は、不要となった家具が流れ着き、そして必要とされる場に送り出される家具たちの中継地のような存在なのだ。現在は店舗の数も減り、バルなどの飲食店に衣替えしつつある。

図3-4　道具屋筋商店街（撮影：藤部明子）

†掘割と問屋街

《家具の街》とくれば、むかしもいまも立花通りが有名である。木津川へのアクセスのよさから家具商が立地、戦前は二百軒以上も集積していたという。戦災で全焼するも、戦後は問屋よりも小売業として再建されて繁昌した。現在は、「オレンジ・ストリート」の名で知られ、天井の高い家具店を転用したアパレル系の路面店やカフェなどが集積して、旧来の家具店と共在する、オシャレな街区だ（図3-5）。二〇〇〇年代以降、周辺にはマンションの立地が急速に進み、都心回帰の受け皿にもなった。脱産業化と再産業化が独特のコントラストを描きながら、都心外縁の景観を変えている。

立花通りの家具商と同様、かつての掘割（水運）を利用した同業者の集積は、西長堀（四つ橋～洲崎橋）の南岸に面した材木問屋にもみられた（図3-6）。もともとは両岸に櫛比していたものの、明治四十一（一九〇八）年の市電開設にともない、北岸の業者は境川方面などへと移転し、南側だけとなった。戦後になると集散地としての機能は低落したが、現在も大阪木材会館が立地するほか、橋がなくなってなお、問屋橋の地名も残る。

一般建材の集散地としては、ここ西長堀のほかにも道頓堀の西部があり、湾岸部の千島町・小林町（大正区）には原木を扱う業者が集まった。そしてもうひとつ、銘木を取り扱う西横堀がある（後述）。

水運に依拠したのは、陶器の問屋街である瀬戸物町《せともんちょう》も同様であった。江戸期から西横堀川の西岸に陶磁器を取り扱う商店の集積した一帯で、堀川の舟運に依存した立地である。毎年七月二十四日の瀬戸物祭はつとに有名で、昭和戦前期には二百軒もの業者が集積していたというが、戦時中の強制疎開による立ち退き、そして戦災を被った結果、戦後に再興

図3-5　立花通り（「オレンジ・ストリート」）（撮影：藤部明子）

図3-6　西長堀での材木の積み下ろし（1956年、提供：朝日新聞社）

したのは二十軒に満たなかった(朝日新聞社社会部編『大阪・いまとむかし』)。

†脱水都化の象徴

「せともんちょう」の近傍に位置する坐摩《いかすり》神社(中央区久太郎町四丁目)——通称「ざま」神社——の境内には、火防《ひぶせ》陶器神社が祀られている。それは、文字通り、西横堀川の瀬戸物町の祭神であった。もとは靱《うつぼ》南通一丁目に位置したものの、市電の敷設(明治四十年)にともない坐摩神社へと合祀され、戦災によって焼失した後は、昭和二十六(一九五一)年に西横堀の河畔で再建されている。ところが、瀬戸物の輸送路だった西横堀川を埋め立て、阪神高速道路大阪1号線が建設されたために、再度、坐摩神社の境内へと遷宮された。

この陶器神社の移転は、水都大阪の同業者街が都市空間の建設史のなかで揺れ動くさまを、そのままあらわしていると言えるかもしれない。問屋街の立地変動は、大阪の脱水都化を象徴する出来事でもあったのだ。

西横堀川埋め立てのあおりを食ったのは、瀬戸物町や陶器神社ばかりではない。本町通りから四つ橋にかけて(旧東区横堀六丁目・旧南区横堀七丁目)の東岸に形成された銘木の問屋街もまた、脱水運と集団的な転地を余儀なくされた。

今木善助《いまきぜんすけ》・伊勢戸佐一郎『銘木濱日記』には、この材木問屋街の近代がいきいきと描き出されている。たとえば「黄金時代」と称された大正期の業界の活況は、掘割の風景として次のように写し取られた。

大阪市中を流れていたいくつもの河川や掘割には、材木が船に積まれたり筏になって充満し、それがまったくよく動いたのである。河川はまるで材木の貯蔵庫と輸送のために存在しているようであった。尻無川《しりなしがわ》から境川、西道頓堀、立売堀《いたちぼり》、阿波堀、西横堀、東横堀、天満堀川など材木や筏の往復で活気づいていた。

これが、掘割を動脈とする〈商都＝水都〉大阪の姿である。もともと西横堀では一般建材を扱う材木問屋が多かったものの、大正十二（一九二三）年の関東大震災後の業界特需と、その後の高級化志向にともない、銘木を取り扱うようになった。戦後、掘割の水運に依拠したこの問屋街の風景は、激変する。

復興事業における土地区画整理や掘割の埋め立てが大規模に進められ、長距離輸送に適した国産トラックが量産されるようになると、銘木の輸送もまた水路から陸上へと切り替えられて、取引量は一気に増大する。西横堀の問屋は一軒あたりの店舗面積が狭小なために、道路がそのまま材木置場となっており、各地から集まるトラックへの荷役作業も店先の路上で行なわれていた。ところが、都心部の自動車交通量が増え、路上駐車の禁止や一方通行などの交通規制がなされるようになると、交通渋滞は慢性化し、材木市場の集散機能は麻痺するところとなる。

その頃、同じ悩みを抱えていたのが、島之内を中心とする金物問屋である。昭和三十六年、自動車の氾濫する都心から郊外への脱出を模索する業者たちは、「金物問屋集団移転協議会」を発足させ、紆余曲折しながらも昭和四十二年に布施《ふせ》市友井《ともい》（現・東大阪市）に大阪金物団地を完成させた（清水進一編『大阪金物団地十年の歩み』）。

この金物問屋の取り組みに刺激を受けたのが、西横堀の銘木商を率いた今木善助である。交通渋滞はいかんともしがたく、集団移転を検討しはじめた矢先に、今度は昭和三十七年五月に発足したばかりの阪神高速道路公団が、西横堀川を埋め立てて高速道路を建設する計画を打ち出す。すでに長堀川の埋め立てを目の当たりにしていた業者たちは、ある程度の予想はしていたというものの、まさか西横堀川から……という驚きはあったようだ（前掲『銘木濱日記』）。

交通事情の悪化と西横堀の廃川を受けて、銘木商は集団移転を決意する。金物団地よりも一足早く、昭和四十一年三月、東海道新幹線と淀川とに挟まれた三島郡三島町鳥飼《とりかい》（現・摂津市鳥飼銘木町）の土地区画に銘木問屋の団地が誕生した。

これら問屋街の移転は、モータリゼーションにともなう脱・掘割／水運化と郊外化とを象徴する出来事であったと言えよう。

3 新しい消費空間の登場

†拡散する《ミナミ》

繊維の街、大阪市・船場でしにせの問屋や衣料品店の倒産が相次ぐ。かつては日本一の商品集積地となり、上方文化を支えた街。そこではいま、繊維関係の撤退店舗跡を埋めるように飲食店が進出し、問屋は小売り「転進」を急ぎ、風景が様変わりしている。

これは『朝日新聞』（二〇〇一年十一月八日）に掲載された記事の一部である。同じ記事のなかには、「繊維屋が消え、飲食店ばかり出てくる。まるでミナミが北上して、船場をのみ込んでいきよる」という、ある衣料品問屋社長の言葉も引用されていた。記事のなかでは、変容する街景が「ミナミ化」とも称されている。

この前年、大阪の地域誌『Meets Regional』（二〇〇〇年九月）は、いち早く「ミナミは動く。」と銘打った特集を組み、世紀の変わり目に「最も旬な街」に成長していた南船場と堀江に関する「完全レポート」、さらに「増殖するミナミ」として新町《しんまち》やアメリカ村などに関する記事を誌面に組み込んだ。同誌は、これらミナミの新旧コアエリアから、さらなる「NEXTな周縁」へと、カフェを中心とする飲食店やアパレル系の店舗が立地展開するさまを、「増殖するミナミ」と称している。

同じく地域限定の情報誌『Hanako West』（二〇〇〇年十一月）も、「今、日本で一番、ドラマティックなストリート／新しいミナミの使い方。」と題する特集を組み、久宝寺（「ミナミの新店ラッシュエリアの筆頭」）、南船場四丁目（「おしゃれなショップが集まるハイセンス・ストリート」）、新町（「秘密めいたムードが夜のパラダイス」）などを紹介している。

いまではすっかり定着した感のあるオシャレな街々であるが、『Meets Regional』がいみじくも「NEXTな周縁」と呼んでいたように、それらはいずこも《ミナミ》の外縁部に位置していた。拡散する《ミナミ》を象徴したのが、南船場四丁目の一帯と南堀江である。御堂筋の西、長堀通りよりも北に位置する前者は、ここまでみてきたとおり、銘木問屋の街であった。バブル経済の崩壊後、空いた物件を埋め合わせるかのように、空間デザインにこだわった飲食店や物販店が進出し、オフィス街のなかにオトナな消費空間を打ち立てていったのである。

同じく南堀江の家具屋街として知られた立花通り（一一六頁の図3－5）も、元家具店の建物ストックが豊富なうえに、都心のはずれに位置することから賃料も安く、大阪に進出してくる東京や海外の資本の受け皿となって、街頭の風景が塗り替えられた。集合住宅の多い周辺環境のためか、夜の街としての色合いの濃い《ミナミ》というよりは、物販の店舗の方が多くなっている。

二〇〇〇年代を通じて、かつての花街であった北堀江や長堀川を北にこえた新町方面にも新しい店舗の立地展開が進み、織田作や鍋井克之の《ミナミ》とは明らかに異なる商業空間が成立したのである。

このように二〇〇〇年を前後するころから新たに登場してくる消費空間の系譜は、さらにさかのぼること二十年前に誕生していた《アメリカ村》（通称「アメ村」）にはじまるといってよい。

†《アメリカ村》の発見

大阪の繁華街ミナミの一角にいつの間にやら〝アメリカ村〟と呼ばれるショッピング通りが登場。西部劇にでも出てきそうな、木造のミニショップやショー、生演奏を見せるライブハウスなど、呼び名の通りのバタ臭さで、のれんを重んずるなにわ商人とはいっぷう変わった商法でかせいでいる。ミニショップの経営者のほとんどが二十代なら客筋も十代、二十代と若者ばかり、冬近しというのに夏の衣装で闊歩しており、お国柄も季節感もおかしくなるような一角である。（『週刊読売』一九七八年一二月）

「大阪ミナミにアメリカ村出現！」と題して、現在は全国にその名を知られるティーンズの街《アメリカ村》の発見を伝える記事が週刊誌に掲載されたのは、いまから約四十年前のことであった。

「大阪ミナミに、いまウェストコーストの風が吹く／日焼けしたサーファーが集まり、アメリカンライクな店には輸入品があふれる、ヤング注目の町　大阪・アメリカ村」

（『ヤングレディ』一九七八年八月二十二日）

「〃アメリカ村〃知ってる？　人気タウンだ」

（『女性自身』一九七八年十一月十六・二十三日合併号）

「サーフィン熱が育てたコットン感覚の街　大阪・ミナミ　炭屋町」

（『週刊明星』一九七九年六月十日）

「サーファーズ・タウン　大阪・南炭屋町《みなみすみやまち》アメリカ村」

（『W女性』一九七九年八月七日）

「大阪・ミナミのフシギな街　アメリカ村」

（『サンデー毎日』一九七九年八月）

こうして週刊誌の見出しをあげてみただけでも、大阪の都心部に登場したアメリカン・スタイルの街ならぬ〈村〉が、一気に注目を集めていた様子がうかがわれる。ことさらに強調されたのは、アメリカ西海岸の若者文化を受容した新奇性なのだけれども、ここで注意すべきは、《ミナミ》のまちという、その地理的な位置づけである。

図3-7　アメリカ村（撮影：藤部明子）

中心商店街である心斎橋筋の背面に開通した御堂筋をへだてて、周防町筋《すおうまちすじ》の西側一帯にひろがるのが《アメリカ村》だ。南北の旧町名を炭屋町という。昭和最初期の工事によって市街地の中心部を南北に貫通した御堂筋は、地下鉄とあわせて現在も都心の幹線をなし、西横堀川の東側を三百メートルの内外でほぼ並走している。周辺に目をむけると、北を長堀、西を西横堀、南を道頓堀、そして東を御堂筋で区切られた、島之内の南西隅に位置していることがわかる。この街区は、御堂筋の開通によって東側と空間的に分断された結果、よりいっそう縁辺化されたといってよい。《アメリカ村》は、縁辺空間に形成されたわけだ。百貨店の駐車場や物流関連の倉庫、あるいは旅館やホテルなどが散在するばかりのこの一帯は、夜ともなれば人影もまばらな、にぎわいとは無縁の空間であった。そこに若者の集う《アメリカ村》が誕生する。「心斎橋筋、戎橋筋、道頓堀、千日前界隈をひっくるめ」(織田作之助「神経」)た旧来の《南》の範域を超えたところにめばえたにぎわいの風景を、女性誌を中心とするメディアは新しい《ミナミ》の姿として発見したのである。

なおいっそう興味ぶかいことに、御堂筋をはさんだ周防町筋の東西は、「東側のユーロピアンのふんい気」と「西側のアメリカンのふんい気」(『女性自身』一九七八年四月六日)という対照的な場所イメージをうみだしている。のちに東側では、《ヨーロッパ村》という通称が定着することになる。

†自然発生のまち?

……車を走らせていた日限は、熱いコーヒーが飲みたくなった。西心斎橋の「三角公園」のそばで車を止めたが、喫茶店は見あたらない。今でこそアメリカ村のシンボルとなった公園周辺も、当時は静かな倉庫街。あるはずもなかった。

（『朝日新聞』二〇〇一年一月七日）

《アメリカ村》の誕生が語られる際、その生みの親として必ず紹介されるのが昭和四十四（一九六九）年に喫茶店「ＬＯＯＰ」を開業した日限萬理子《ひぎりまりこ》である。それから約三十年後の平成十（一九九八）年、彼女が南堀江に開店したカフェ「ミュゼ大阪」をきっかけとして、《ミナミ》は動きはじめる。旧来の《ミナミ》の範域を超えて、新しい消費空間が分散していくのだ。まさに彼女は「街を生み出すママ」であった（『朝日新聞』同前）。

自身が夜に熱いコーヒーを飲みたいという、ただそれだけの理由で人通りの少ない炭屋町を選んだというのだが、近傍の南中学（現在は商業ビル「ビッグステップ」になっている）出身ということも立地選択の背景にはあったのかもしれない（詳細は日限満彦『アメリカ村のママ　日限萬理子』を参照されたい）。ＬＯＯＰ（昭和五十二年「薔薇絵亭」に名称変更）で、折からの「カリフォルニア・ブーム」を受けてサーファー文化の関連商品などを販売したところ、たちまちのうちにオシャレな店があると若者たちのあいだに口コミでひろがり、周辺にはアメリカの中古衣料品などを取り扱う店なども立地して、ペンキを塗りたてた派手な看板をかかげる店舗が集積した。結果、昭和五十年代なかばの《アメリカ村》発見へとつながるわけだ。

もうけようという発想でなく、みんなでエンジョイしたい、というポリシーが良かったのと違いますか？　そやから、自然発生的に生まれて育ったんでしょう。

（『読売新聞』一九八一年六月二十三日）

日限自身は「自然発生的」というのだけれども、エアポケットのような縁辺空間に若者のまちを創造するきっかけをつくったのは、まちがいなく彼女の嗅覚（場所感覚）であり、そしてまちを〈楽しむ〉という発想そのものにあったのだと思われる。

《アメリカ村》初期のにぎわいをうみだしたサーファー文化も、昭和五十年代なかばをすぎると後退し、古着や雑貨のフリーマーケットが催されるなかで、雑貨や飲食を中心とする店舗が急速にふえていった。当時、友人と連れ立って《アメリカ村》を訪れた田辺聖子《たなべせいこ》は次のように描写している。

もう十二、三年前ごろから〔店を〕やっている。サーファーブームのころ、サーフィン好きの人たちが、アメリカの古着やおもしろグッズなんか輸入して、店を開いたのだった。

そのころは、店もぽつんぽつんとあるくらいで、まだ淋しかった。地下鉄心斎橋の駅から御堂筋を越えて西へいく。東には心斎橋筋や、道頓堀の芝居小屋、宗右衛門町なんかがあってにぎやかだが、西は店がないので灯が消えたようだった周防町通り、今ではぐっとにぎやかになって明るい。

（『週刊文春』一九八五年六月十三日）

「御堂筋を越えて西へ」――《アメリカ村》。「四つ橋筋を越えて西へ」――南堀江。「長堀通を越えて北へ」――南船場、そして新町。

《南》に固有の歓楽的要素をそぎ落としながら、旧来の境界線をこえて拡散するスタイリッシュな消費空間《ミナミ》。都市には必ずエアポケットのような空間や隙間があって、パイオニアの立地選択を通じて場所の新たな価値がつねに（再）創造されてゆく。

近年では、「ウラなんば」など、〈裏〉と称される空間が注目を集めているが、さてネクストなまちはこのあと何処に？

第４章
葦の地方へ

ユニバーサル・スタジオ・ジャパンに隣接する工場（2019年1月、撮影：藤部明子）

1　重工業地帯のテーマパーク

†此花ユニバ

「十七時ごろ、ユニバで客をおろして街中に戻る途中、此花《このはな》区役所を通り過ぎたところで右折して小さな橋の上で…〔略〕…」、という一文で幕をあけるのは、社会学者・岸政彦《きしまさひこ》の話題を呼んだ小説『ビニール傘』である。

わたし自身がゲートをくぐり、その空間に身を置いたことはないのだけれども、聞き慣れない「ユニバ」なるものが、西日本最大の集客を誇るテーマパーク「ユニバーサル・スタジオ・ジャパン」であることは、かりに字面を措くとしても、冒頭わずか二行の叙景と地理情報から察しがつく。

此花、西九条、野田あたりは、昔はだれも住んでなくて、ちょっと雨がふるとすぐに水浸しになるような湿地帯だった。いまではそのあたりは、たくさんのワンルームマンションが並んでいて、地方出身の貧しい若者たちが大勢住んでいる。

さりげなく挿入されるこうした懐古調の独り言も、読者をして無意識裡に土地の履歴をストーリーに織り込ませる効果があるのだろう。ここでは、物語を逆戻りして、ユニバーサル・スタジオ・ジャパンからはじめよう。

そもそもユニバーサル・スタジオが大阪への進出を決めたのは、平成六（一九九四）年にさかのぼる。当時、積極的に誘致した大阪市と地元経済界のねらいは、大阪湾岸にあって空洞化の著しかった「重厚長大」型産業の集積地を再開発して、東京ディズニーランドに対抗する集客施設を打ち立てることにあった。折しも同年九月には関西国際空港が開港しており、アジアを中心としたインバウンド観光も期待されたのである。紆余曲折を経て、平成十三年三月、千葉県浦安市の東京ディズニーランドとは対照的に、大阪湾に面する大阪市に立地しながら大阪という名を冠することなく、ユニバーサル・スタジオ・ジャパンは開業した。

ユニバーサル・スタジオ・ジャパンの立地する此花区は、西淀川・港・大正の湾岸各区とならぶ、市内きっての工業地域である。なかでも此花区には、かつて「西六社《にしろくしゃ》」と称さ

表 4-1　西六社

会社名		所在地	創立年月日	敷地面積(坪)	工場建坪	従業員
住友電気工業株式会社		恩貴島南之町 60	明治 44 年 8 月 1 日	75,895	29,095	2,350
住友金属工業株式会社製鋼所		島屋町 406	明治 34 年 6 月 22 日	177,000	57,000	3,200
住友化学工業株式会社大阪製造所	春日出工場	春日出町 278-3	大正 5 年 3 月 1 日	64,500	27,600	2,045
	西島工場	西島町 73-1	昭和 11 年 3 月	11,000	4,000	253
日立造船株式会社桜島工場		桜島南之町 17	明治 33 年 4 月 1 日	112,704	35,324	3,521
汽車製造株式会社大阪製作所		島屋町 406	明治 29 年 9 月 7 日	55,000	21,000	1,654
大阪瓦斯株式会社	西島工場	西島町 649	昭和 15 年 1 月 29 日	76,189		685
	舎密工場	川岸町 1 丁目 31	明治 31 年 11 月 3 日	13,859		263

＊日立造船株式会社桜島工場の敷地のうち 36,875 坪は住宅その他、同じく建坪のうち 7,487 坪は住宅その他の分である。『此花区史』(1955 年)より作成

図 4-1　住友金属の工場（昭和 41 年、大阪歴史博物館蔵）

れた六つの大規模工場が集積し、この地域のみならず、東洋のマンチェスターと呼ばれた工業都市・大阪を代表する存在であった(表4-1、図4-1)。

†沈む地面

臨海部の重工業地帯——主として西淀川・此花・港・大正の各区——は、生産の増大にともなって地下からの取水に拍車がかかり、いずこも甚大な地盤沈下を経験している。昭和戦前期、ひどいところでは十年間で一メートルにも達する沈下量を示し、此花区にいたっては最大潮位を下回るほどに土地が沈んだ。

昭和二十(一九四五)年の敗戦を前後する時期には、物資の不足や空襲被害にともない、工場の操業が停止状態に追い込まれたことで、現象としての地盤沈下は停滞する。しかしながら、昭和二十五年の朝鮮動乱をきっかけとして生産活動が増進すると、再び土地の沈下が急速に進んだ。当時、住友金属関連の工場における年間の揚水量は、区全体の三割強を占めていたと推計されており、やはり西六社の生産活動がこの地域に与えた影響は甚大であったと思われる。事実、住友の工場が占める区内島屋町の経年変化をみると、観測のはじまった昭和十年から昭和四十年までの約三十年間で、沈下量は二・五メートルにも達した。

結果、たびかさなる高潮被害に見舞われ、多くの家屋・工場が浸水している。とりわけ大きな衝撃をもたらしたのが、昭和三十六年の第二室戸台風である。このとき此花・港・大正の臨海三区では、各区域の全体が浸水、昭和二十五年九月のジェーン台風をはるかに上回る被害を受けた。ここから、防潮堤の建設、地盤沈下を食い止める制度の整備、同じく工業用水道の建設など、ソフト、ハードの両面から、抜本的な対策が講じられてゆく。

その過程で、堅牢な建造環境――すなわち、防潮堤、埋め立てられた河道、防潮扉や水門など――が築きあげられ、臨海部の地景《ランドスケープ》は大きく変貌したのだった。ここに、現在につらなる港湾風景が出現する。それは『ビニール傘』の随所に描かれた、あるいは挿入された写真の風景に、そのままかさなるだろう。

さて、くだんのユニバである。その広大な敷地は、一九〇〇年に操業を開始した大阪鉄工所の流れを汲む日立造船桜島工場、そして住友金属の製鋼所にまたがる土地を全面的に再開発することで確保された。つまり、明治期以降の工業化とそれにともなう地盤沈下、工場の操業停止や移転にともなう重工業の空洞化という、いまではほとんどふりかえられることのない歴史的な地層の最上面に据えられたアミューズメント空間、それが〈現代の

「大阪ことば」でいえば）ユニバなのだ。

†小野十三郎の大阪

地盤沈下の激化した昭和初期、既成市街地の周辺にひろがる——とりわけ湾岸部の——工場地帯に、別様のまなざしをむけていた人物がいる。詩人の小野十三郎である。

島屋町　三本松
住友製鋼や
汽車造船所裏の
だだつぴろい埋立地を
砂塵をあげて
時刻《とき》はづれのガラ空きの市電がやつてきてとまる。

詩集『大阪』（一九三九年）に収録された「北港海岸」の最初の段落である。島屋町と三本松は此花区の地名、住友製鋼と汽車造船所はともに西六社だ。この詩は、「海から　川から／風はびゆうびゆう大工場地帯の葦原《あしはら》を吹き荒れてゐる。」という二行で結ばれる。水辺の葦原を含む大工場地帯（＝「抒情的な工場地帯」）を、彼は情感をこめて「葦の地方」と呼んだ。

戦後、『大阪』の改訂版で大阪市民文化賞を受賞した小野に、『千客万来』という随筆集がある——奇しくも同書はわたしの生まれた前日に出版されていた。そのなかには、『大阪』を回顧する「『葦の地方』よ、さらば」（初出は一九六五年）という、興味ぶかいエッセーが収録されている。

どこが興味ぶかいのかといえば、『大阪』における自らの詩の世界を、近代都市・大阪の社会地理にそくして空間化するという、彼の視点にほかならない。

> 『大阪』のライトモチーフは、すべて重工業の加速度的な発展と、それと対象《ママ》的な失業者や浮浪者の群、この頂点と底辺のかんけいにしぼられていて、全作品のどこにも、その中間地帯は存在しないのである。〔強調は引用者〕

「頂点」とは、「わが大阪のぐるりに異常に膨張しつつあった重工業地帯の荒漠たる風景」

とも表現されており、まさに「葦の地方」を指す。他方、「底辺」については、「釜ケ崎周辺の『日本の底辺』などと呼ばれる失対者〔失業対策事業に従事する労働者〕や浮浪者の密集地帯」ないし「釜ケ崎あたりのドヤ街にたむろするこれらの底辺生活者」とも言い換えられていた。

「頂点と底辺」という二つの対極的な語句からは、三角形がイメージされるかもしれない——ただし「その中間地帯は存在しない」。だが、彼による大阪の空間化は、むしろ同心円状の構造としてとらえる方が適切であるように思われる。たとえば、詩集『大阪』において、「人間の形影」がともなわれる「場所」は、「底辺」たる釜ケ崎のみであって、「船場、島の内といった都心の…〔略〕…もっとも大阪的といわれたあたりにいとなまれている庶民の暮しのありさまなど、生活風景としてもはじめから除外されて」いる。

船場の旧家を描いた谷崎潤一郎の『細雪』を名指しして、「いまはもちろん、当時の大阪についてもほとんどなにごとも語らない無縁の文学」であると切って捨てるとき、都心が空間的に存在することは前提しつつも、小野の「居住感覚」からすれば、それはぽっかりとあいた穴のように（ロラン・バルトの言葉を借りれば）「空虚な中心」でしかなかった。

では、中心と同じく作品世界には存在しない「中間地帯」とは、どこなのだろうか。それは、たとえば西六社の東側に位置して、その西六社へと通勤する数多くの労働者たちが暮らす社宅や長屋、労働者とその家族の日常生活を支える市場・商店街・盛り場といった、住・商・工の混在する地域であったのではあるまいか。そうした地域は、既成市街地を取り巻くように分厚く形成されている。

すると近代大阪の空間構造は、次のような①を中心に⑤へと外に広がっていく同心円構造として模式的にとらえることができるだろう。

①船場・島之内を含む、旧城下町に由来する都心部。
②明治期以降、旧市街地（①）の縁辺に形成された、釜ケ崎に代表される「底辺」を包摂する都心周辺部。
③都心とその周辺（①・②）の外側にあって、大工場などに勤務する労働者の長屋地帯。家内工業にくわえて、市場・商店街、映画館などの娯楽施設も立地する、住・商・工の混合地帯。
④「葦の地方」（＝重工業地帯）。
⑤私鉄沿線の郊外。

繰り返しになるけれども、『大阪』にうたわれるのは、②と関連づけられた④であった。地理歴史的にみると、④の「葦の地方」は内側にある③に先行して形成されたことも、その背景としてあるにちがいない。また当時は、阪急・阪神に代表される私鉄沿線の開発が進んでいたものの、ブルジョア・ユートピアとしての郊外が小野十三郎の目に映ることはなかった。

「『葦の地方』よ、さらば」は、まさに植生としての「葦原」が消滅する時期に書かれている。東京オリンピックの翌年、大阪万博の開催へと向かう高度経済成長のまっただなかで、彼の「想い」はそれでもなお「葦の地方」へと回帰してゆく。そして、「頂点の膨張」と「底辺のよどみ」との関係は、初版『大阪』の時代となにも変わることはないと感覚されていたのだ。

2　新開地の風景

†石川栄耀の〈場末帯〉論

城下町といった歴史的な核を有する都市は、近代化の過程で市街地を（自然地理的な条件に左右されながらも）ほぼ同心円状に拡大させてきた。そして、生産や消費など、それぞれの部面に応じて空間は分化し、土地の用途ないし建造された環境の差異によって、個性ある都市景観が起ちあらわれる。

都市プランナーとして、戦前・戦後を通じて活躍した石川栄耀は、日本における近代都市の発展を、じつにユニークな方法でモデル化してみせた。それは、〈場末帯〉論とでも称されるべき、名古屋をモデルにした都市の社会－空間構造である。

先行研究によるのか、それとも自身の経験的研究に依拠してのことかは不明なものの、城下町に由来する既成市街地の周囲には、必ず「場末と称する一つの地帯」（＝〈場末帯〉）が形成されるとし、それは「都市の習性」であると主張する。石川によると、〈場末帯〉

とは労働者向けの低廉《ていれん》な住宅、最寄品《もよりひん》（購買頻度が高い日用品や食料品）を取り扱う小売店、そして小規模な工場などが「過密に混成」された場所で、都心部を帯状にぐるりと取り巻く。

「人文地理的角度から」と題された論考では、「工場帯ファンクション」なる概念をもちだして、〈場末帯〉を別の「角度」から説明した。「ファンクション」とは、機能的に連関しているというくらいに理解しておけばよい。

石川によると、「名古屋市の小工場の分布は水辺を選びつゝ、東西約十八町、南北約三十六町の商店住宅混在地帯（＝旧市街地）を残した、ソノまわりを帯状をなしつゝめぐつて」いる。さらに、「此の小工場層を足溜り（足がかり）にして近代的大工場が散布して居る。（恐らくはソノ労働者群を肥土として）」と、工場の立地展開をふまえて、〈場末帯〉の輪郭を確認した。

彼はここではたと気づくのである。工場地帯の形成に、「貧民住宅地」（小野十三郎のいう「底辺」）のみならず、「いはゆる『私娼窟』の発生が思はぬ形を採つて、之に従つた」と。名古屋における「私娼窟」は「必ず工場地帯とファンクションを為し、場末帯の外皮、新興労働者群の中に発生分布」していたのだ。

「場末帯の外皮」とは都市の外縁、すなわち市街地化が進んでいく最前線（フロンティア）にあたるとみてよい。別のところで論じたように（拙著『花街』）、都市化期の市街地の最前線では、住・商・工の混在するかたちで市街地が形成されると同時に、そうした場所には往々にして（時には政策的な後押しを受けて）花街も立地した。歓楽的な要素を多分に含んだ空間もまた、〈場末帯〉を構成する重要な要素であったのだ。

名古屋における石川のモデル化を大阪でもあてはめることのできる場所がひとつだけある。工場地帯と機能的に連関する〈場末帯〉の外皮、新興労働者の住宅街に発生した「私娼窟」が。

此花区の千鳥橋《ちどりばし》にもどろう。

†此花区の新開地

都市の高度の発展は、都市の顔を複雑に変へてゆく。いままでの古い現象がとり壊されて、新しい現象が発達し、そこに新開地が展開されて来る。

雑誌『大大阪』は、昭和七（一九三二）年七月から十四回にわたり、「大大阪新開地風

表 4-2 「大大阪新開地風景」一覧

著者	タイトル	巻号	頁	掲載年月
尾関岩二	森小路付近	8-7	133-139	1932 年 7 月
武田徳倫	千船		139-143	
小松一郎	近代色を加へた遊境今里新地	8-8	75-81	1932 年 8 月
上井　榊	新阪堺国道沿線街	8-10	25-29	1932 年 9 月
酒井義雄	探訪記的に描いた —— 千鳥橋・四貫島	8-11	91-99	1932 年 10 月
和田有司	西野田展望	8-12	50-54	1932 年 11 月
高瀬嘉男	東野田・都島・片町・桜宮	8-13	89-95	1932 年 12 月
小出六郎	大正区ところどころ	9-1	38-46	1933 年 1 月
小瀧冬三	旭区ところどころ　都会と田舎のカクテル	9-2	22-27	1933 年 2 月
崎山献逸	平野町から京町堀通りへ	9-3	56-61	1933 年 3 月
草西正夫	玉造駅付近 東大阪の心臓	9-4	59-61	1933 年 4 月
村井武生	田辺町付近	9-7	20-22	1933 年 7 月
近藤　孝	夕凪橋付近散景抄	9-9	57-60	1933 年 9 月
瀬古貞治	田辺付近の新開地を見る	9-11	110-117	1933 年 11 月

景」という記事を連載した（表4－2）。既成市街地の周辺に形成された「新開地」を探訪し、「単なる机上の統計でなく、足で書いた具体的な、しかも一幅《いっぷく》の風景論」として紹介するという企画である。いくつか例外はあるけれども、この連載で取り上げられた「新開地」は、石川栄耀のいう〈場末帯〉に分布している（しかも「外皮」に近い）。

連載の五回目に登場するのが、此花区（千鳥橋・四貫島《しかんじま》）である。「一幅の風景論」というだけあって、じつによくできた探訪記であるのだが、ここでは〈場末帯〉に位置する新開地としての特色だけをみておくことにしよう。

北を（現在はほとんど埋め立てられてしまった）正蓮寺川《しょうれんじがわ》、そして南を安治川《あじがわ》で区切られる此花区の市街地は、阪神と市電の接続する千鳥橋が玄関口となる。千鳥橋から歩みをはじめた著者は、市電の通る「四貫島大通り」を西へと向かいながら、このあたりが五、六年前まで「茫洋たる草原」であったことを想起しつつ、現状（当時）を次のように描写した。

……茲《ここ》数年の間に、いつぱしの中商工街として、扮装をこらした新開地と化してゐる。道を南へとれば東南が高島屋十銭ストア。更に進めば西側に住吉市場、四貫島市場が並び、それに続いて映画館山口座がある。その南隣りが茨住吉《いばらすみよし》神社だ。

一帯は「小市民プロレタリア住宅地域」の商業地区というわけだ。周辺には、当時流行していたカフエーが少ないかわりに小料理屋が繁昌していたといい、その理由を著者は聞き取りから、大阪鉄工所、住友伸銅《しんどう》工場、汽車製造所、住友電線製造所、大阪製鎖《せいさ》会社、大阪舎密《せいみ》会社、東洋紡績（四貫島工場）などの「大工場が密集」していることに求めている。労働者たちは、「欧風化された近代的色彩に粉飾されたカフエーやジャズレコードよ

り も……声自慢の隠し芸に興趣を添へてくれる突き襟の女や、四畳半」を求める、というのである。
注目すべきは、石川栄耀の観察した名古屋と同様、「工場地帯とファンクション」をなすかのように、ここ此花区にも「私娼窟」が存在したことだ。

茨住吉神社の前を斜東南に、幅一間《けん》位の道路に足を踏み入れると、入口の両側に正月の門松のやうに、廂《ひさし》に届く位の植木を配置した、何れも間口二間位の家が、道の両側に並んでゐて、申し合せた様に入口を這入つたところがタヽキで、其傍《そのかたわら》に直に二階に続く段梯子《だんばしご》があり、入口から裏庭の板塀が突抜けて見られる、何のことはない路次裏の長屋を改造して、或は支那《ママ》風に、或は日本風に、粗末なペンキ塗りの料理業を表はした看板で飾られてゐるのだ。

これらは、表向きはただの料理屋なのだが、実際には「公然の秘密として黙過された私娼窟」だったのである。
「葦の地方」とは、近代都市の「頂点」たる重工業の集積地であった。生産の場の風景としてだけではなく、労働者の生活の場と密接した空間としてみるならば、千鳥橋から北港《ほっこう》へといたる一帯は、「都市の習性」が如実にあらわれた〈場末〉であったと言えよう。ユニバへと向かう観光客は、車窓から昭和大大阪の場末／新開地の残照をそれと知ることなく目にしているのである。

3 梁石日の錯覚

†葦しげる湿地の開発

近鉄奈良線に乗って鶴橋駅から一駅、今里駅《いまざと》（生野区《いくの》）を降りると、そこは比較的にぎやかな商店街である。位置情報をそのままに、「近鉄今里駅前通商店街」という。商店街を抜け、ぶつかった交通量の多い道路を西側へ少しゆくと、右手に新今里公園がみえてくる。道むこうを見やれば、「今里新地」と書かれたアーチが目に飛び込んでくるはずだ。道路（難波片江線）の南側一帯は、《今里新地》と呼ばれる一画である。

江戸時代以来、大阪で土地や街区に「新地」という名称が付される場合、そこは花街であることが多い。とくに戦後になると、いわゆる〈赤線〉と称される地区のほとんどが、新地を名のるようになる。たとえば、明治初期に成立した《松島遊廓》は、戦災で移転したあとに《松島新地》と名をかえて営業をつづけている。また、大正期に開発された《飛田遊廓》の場合、空襲被害は一部にとどまり、《飛田新地》として大正期の廓《くるわ》建築をいまに受け継いでいる。

《今里新地》は、昭和初年に鉄道沿線に開発された、近郊型の花街である。「大大阪新開地風景」の三回目でも取り上げられているのだが、自然発生的に形成されたと思《おぼ》しき此花の「私娼窟」とは異なり、ここは「葦蘆茂る湿潤地」を大規模に開発して計画的につくりあげられた新開地（＝花街）なのであった。

図4-2　今里新地（1960年頃）

　上町台地よりも東側に位置する内陸の湿地帯も、ある種の「葦の地方」だったと言えるかもしれない。当然、重工業は立地しないのだが、たとえば東成区《ひがしなり》から生野区にかけては、ひじょうに複雑な工程を分業するセルロイド産業が集積するなど、この地域もまた家内工業を中心とする工業地帯であった。

その近傍で大規模に開発された《今里新地》は、六間《けん》、五間、四間、三間という四通りの路幅を基本とする区画整理をほどこし、中央部には公園を配するなど、まるで郊外住宅地のような空間である（図4-3）。

そこには、いかにも開発型の近郊花街らしい景観が出現する。

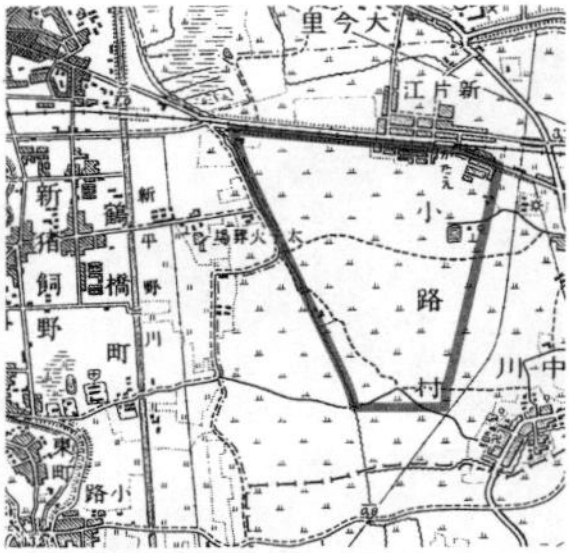

大正 10 年

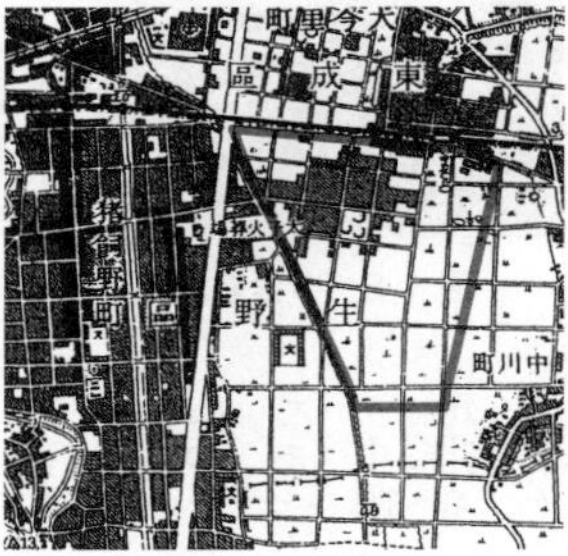

昭和 7 年

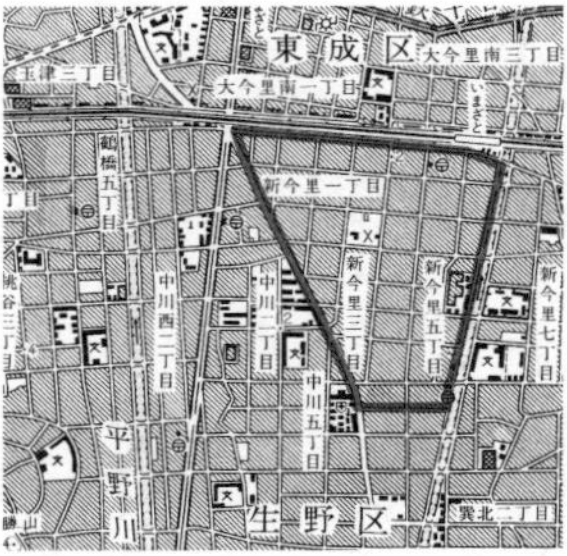

平成 13 年

図 4-3　今里新地とその周辺

今里新地の町並みは新興街だけに区画整然として見た眼に清々しい感じを与へる。料亭の表には、柳、桜さては松樫、槙などの常磐木《ときわぎ》を配し、春日灯籠や踏み石も苔むして風流があり、街そのものが緑化されているから生き生きとして何となく明るい。殊に料亭は普通の家を改造したのではなく、最初からお茶屋向きに建築されたものばかりだから、奥行きが深く、たいていの家には離れがあり、風雅を旨とした料亭建築のいきとすいを競い、いわゆる独特の「今里新地情緒」をたたえている。

（黒阪雅之『今里新地十年史』）

新地内には芸妓を呼んでお座敷あそびをする料理屋（戦後は待合茶屋に変わる）のほかに、仕出し屋、各種飲食店、美容院、撞球場《どうきゅうじょう》、写真店、紹介業、医院などの関連する産業が集積した。

†《今里新地》の現在

戦争末期の空襲は、《今里新地》にも大きな被害をもたらす。開発当初の中心地帯であった北部の大半を焼失させたのである。その結果、花街としての機能は南半部に縮小し、業態もまたいわゆる〈赤線〉へと転じる。
〈赤線〉に大きな転機をもたらしたのが、昭和三十三（一九五八）年四月から罰則規定を含めて全面施行された売春防止法であった。多くの〈赤線〉は業態の転換を模索したものの、成功したところは少なく、いずこも歴史の後景へと退いていく。ところが、ここ《今里新地》には、いまだ待合茶屋の建築がならび、部分的ながらも今日にいたるまで旧態を温存させている。

今里新地は私が住んでいた火葬場のある猪飼野《いかいの》東二丁目から歩いて五分のところにある。昔は小ぢんまりした遊郭《ママ》で、名目上は芸者を呼んで酌をしてもらいながら飲み、三味線と小唄を聴きながら飲む料理屋であった。しかし、実際は遊郭で、私も二度、座敷に上がったことがある。（梁石日「今里新地」）

近傍に生まれ育ったという作家・梁石日《ヤンソギル》の解説である。いま《今里新地》を訪れると、「新地」という響きからはにわかに想像しがたい風景が展開しているのだが、この点についても梁の語りを参照してみよう。

最近、今里新地を訪れてみて驚いた。かつての閑静な料理屋が、いまでは軒並、韓国クラブや韓国飲食店のど派手なネオンに輝き、韓国にきたのではないかと錯覚するほどであった。そして料理屋も数軒生き残っていて、やり手婆あが客の袖を引いていたので、なぜか私は嬉しくなってしまった。

（同前）

数十年ぶり（?）に訪れた彼を「錯覚」させ、また「嬉しく」もさせた《今里新地》の街景。公園前のアーチをひとたびくぐれば、まさに異空間と呼ぶにふさわしいまちなみがひろがっている。「近代大阪の朝鮮人史」を研究する杉原達《すぎはらとおる》は、ほかの新地にはけっしてみることのできないこの街の特徴を、もう少し丁寧に観察した。

たかだか一辺一キロにも満たぬほぼ正方形の界隈で、三千里、アリラン、……といった名称はもとより、韓国料理ソウル屋、料亭慶州、焼肉釜山亭、クラブ大邱、居酒屋新済州という具合に、たとえて言えば、韓国の主要都市がぐるりと一回りできるほどに、朝鮮・韓国にまつわる店が多いことである。

（杉原達『越境する民』）

待合と入れ替わりに登場してきたのが、韓国系の料理屋やスナック、クラブなのであった。環状線に近い鶴橋や桃谷が旧来のコリアタウンであるのに対して、外縁で接する《今里新地》はニューカマーの受け皿となったのである。ことにバブル期には、廃業した待合が次々に買い取られて、新地の風景を塗り替えた。

わたしが初めて訪れた時（一九九三年）に比べればずいぶんと減りはしたのだが、それでも東西の道路に沿って軒を並べるかつての待合と思しき家屋は、玄関まわりに植栽がおかれ、店名だけを掲げた看板も残り、落ちついた雰囲気の新地景観を醸し出している。「今里新地」と記された桃色の雪洞《ぼんぼり》も随所にみられ、その色と文字が、現在でも「新地」であることを示す。

近郊開発型の花街からコリアタウンへ――かつて「新開地」と呼ばれた街の変転も、じつに興味ぶかい。

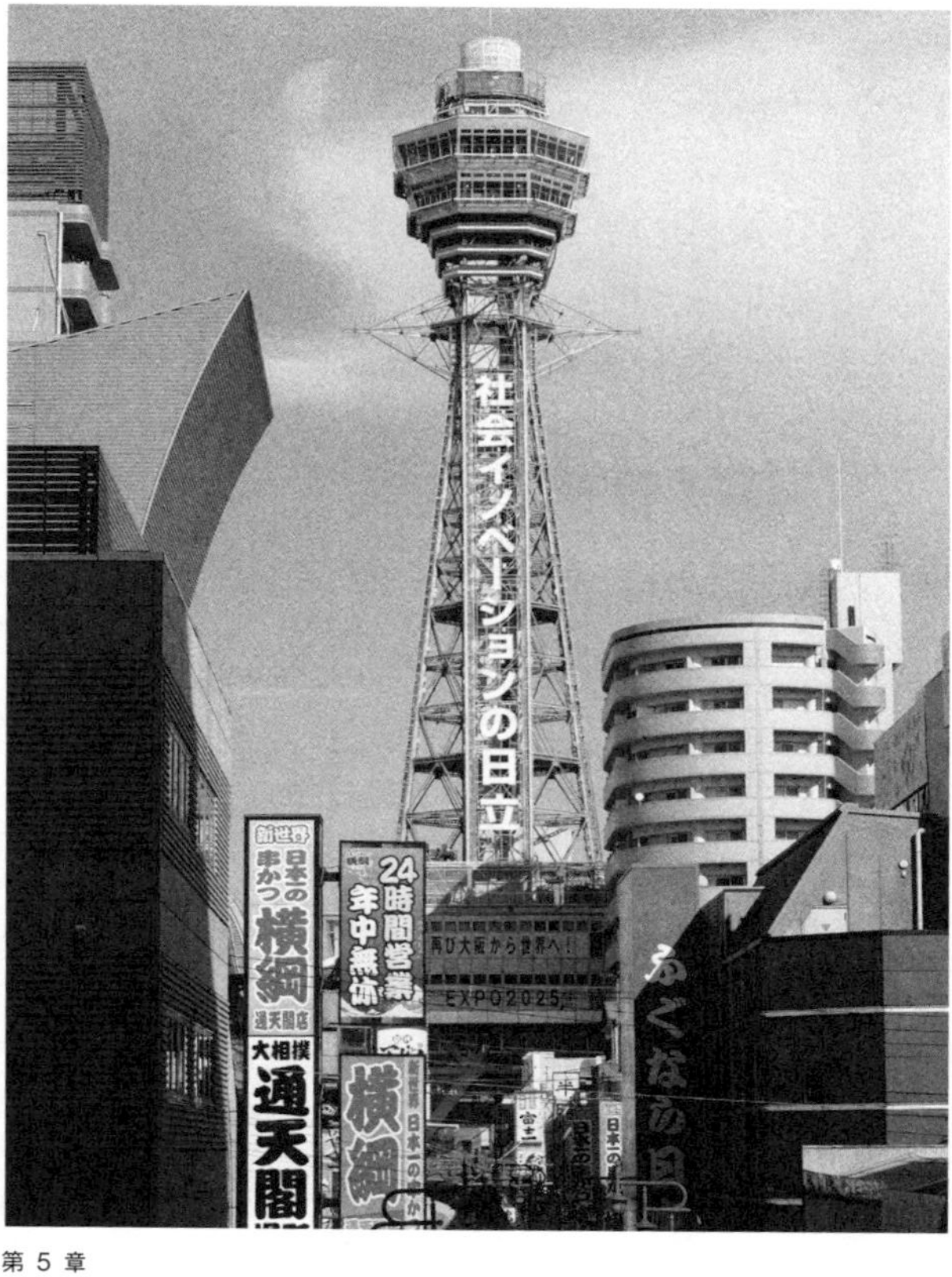

第５章

ミナミの深層空間
——見えない系をたどる

新世界・通天閣（2019年1月、撮影：藤部明子）

図 5-1　阿倍野〜法善寺横丁（さらに北は第 3 章図 3-1 参照）

1　石に刻まれた歴史

†京都東山の豊国廟

京都市東山区の京都国立博物館に面した東山七条の交差点から東へまっすぐにのびる坂道は、女坂《おんなざか》と呼ばれる。標高一九六メートルの阿弥陀ケ峰《あみだがみね》へとのぼる坂の中腹に、京都女子大学とその附属校があることから、この名がついた。

阿弥陀ケ峰の急な坂と階段をのぼってゆくと、山頂部の五輪塔にたどりつく。それは豊臣秀吉の廟所《びょうしょ》「豊国廟《ほうこくびょう》」であり、三百年忌に廟宇を再建した際に石塔も建立されたのだった。明治三十一（一八九八）年四月に盛大に催された豊国祭はたいへんなにぎわいをみせ、豊国廟は京都東山の名所のひとつとなったのである。

廟の再建にあわせて整備された参道には、大阪から寄進された石燈籠《いしどうろう》がいまも残る。女子大の入り口付近、参道の両側に設置された燈籠の台座に深く彫り込まれた文字が、ひときわ目をひく――「大阪六遊廓」。裏にまわると、建立された明治三十一年の文字とともに、廓名（新町・松島・北新地・堀江・南甲部・南乙部）も刻まれていた。明治大阪の縁辺をかたどる遊廓だ。

図 5-2　阿倍野墓地の「紀念碑」

さらに、拝殿のある太閤坦《たいこうだいら》にも石燈籠——といっても残されているのは台座だけなのだが——があり、「千日前発起人」の名がずらりとならぶ。千日前は、東京の浅草、名古屋の大須、京都の新京極、神戸の湊川新開地などとならび称された、近代大阪の代表的な盛り場である。明治期の再開発を通じて、刑場を併設した鬼哭啾々《きこくしゅうしゅう》たる墓場から、にぎわいの巷へと変じた数奇な場所なのであった。

燈籠の台座は経年劣化しているため読み取りにくいものの、そのなかには墓所の跡地を買い取って盛り場へと育て上げたことで知られる「奥田辦次郎《べんじろう》」（以下、奥田弁次郎）の名もみられる。盛り場「千日前」の草創期を支えた香具師《やし》一同の連名は文献資料でもあまり目にしたことはないのだが、奥田の名を刻んだ石造物は大阪にも存在する。阿倍野墓地（現・市設南霊園）

の「紀念碑」だ（図5－2）。

阿倍野墓地と千日前

あべのハルカスのたもとからあべの筋を南へ六百メートル、阪神高速14号松原線に南面した広大な区画に阿倍野墓地はある。大阪城から南へのびる上町台地上に位置するため、敷地内の崖縁に立てば、市街地の南部を見わたすことができるだろう。

明治七（一八七四）年、千日前の墓所がこの地に移設された。千日前の刑場と墓地の跡地を買い受けて盛り場へと築き上げたのが、奥田弁次郎である。彼の名の刻まれた紀念碑が（弁次郎自身の墓とともに）阿倍野墓地の中央部に建立されていることも、ゆえなきことではない。

図5-3 「横井座地下無縁追福之碑」

墓地の西端には、「横井座地下無縁追福之碑」もある（図5－3）。横井座とは、明治二十九（一八九六）

年三月に開業した、当時の千日前で最大級の規模をほこる劇場であった。敷地面積千七百坪、建坪五百三十坪の三階建てで、屋根には金色の鯱《しやち》をすえ、裏庭には築山を設けて噴水をしかけるなどの贅が尽くされていた。施主の横井《よこい》勘市《かんいち》は、奥田弁次郎とならんで千日前の草創期を支えた香具師のひとりであり、豊国廟前の燈籠台座にその名が刻まれてしかるべき人物であったのだが、横井座の柿落《こけらおと》しの翌日に暴漢に襲われて、謎の死を遂げている。

横井座の敷地は、火葬した際に出る骨や灰を捨ててできた「灰山」の跡地であった。「何処を掘ても人の骨が出ぬ処はな」く(『大阪朝日新聞』明治四十五年三月十三日)、工事をするたびに掘り出される遺骨は阿倍野墓地へと運ばれ、改葬されたのである。阿倍野墓地と千日前との関わりは深い。

ここから千日前をめざして歩をすすめてみよう。この行程には、じつに多彩かつディープな〈場所〉が連続してあらわれる。寄り道をいとうことなく、〈場所〉と〈場所〉の連関をひとつずつたしかめて行きつ戻りつしながら、北に位置する《ミナミ》の中心を目指したい。

2 《飛田新地》から新世界へ

大阪の西成に、飛田新地という昔の遊廓の面影をそのままに残した町がある。いまでは料亭と名を変えているが、大正時代を彷彿させる女郎屋の建物が、屋号もそのままに、いくつもの路地に軒を並べている。

そして、そこにはいまも春を売る女がいて、春を求め、彷徨《さまよ》う男がいる。

（小川竜生『極道ソクラテス』）

†飛田遊廓の誕生

阿倍野墓地の崖下に南北にひろがる非戦災地域のなかでも、ひときわ強烈な印象をあたえるのが、現存する日本最大の遊廓《飛田新地》である。ここは、大正後期以降に建設された豪壮な廓建築をそのまま利用し、近代遊廓の形態と機能を現代に引き継ぐ、たぐいまれなる異空間だ。

竹内力主演の人気Vシネマ『難波金融伝　ミナミの帝王　誘惑の華』（二〇〇三年）は、

図5-4　蔬菜畑だった頃（右下の柱に「遊廓免許指定地」と見える）

現実の《飛田新地》を「豊田新地」なる架空の主舞台に置き換えつつ、《ミナミ》の空間的断片を巧みにコラージュして、アクの強い大阪らしさを見事に造形している。近年、井上理津子『さいごの色街　飛田』（筑摩書房）、杉坂圭介『飛田で生きる　遊郭経営10年、現在、スカウトマンの告白』（徳間書店）、西本裕隆『飛田新地の人々　関西新地完全ガイド』（鹿砦社）といったルポの出版があいつぎ、その実態もずいぶんと知られるところとなった。

　そもそも《飛田新地》は、明治四十五（一九一二）年一月の「南の大火」で被災した《難波新地》の貸座敷百三十軒の業者を「救済」すること、市街地の遊廓を整理統合するための敷地を準備すること、そして私娼を撲滅することを主たる目的として、大正五（一九一六）年四月に地区指定された遊廓である。当時はまだ、のどかな蔬菜《そさい》畑にすぎなかった（図5-4）。

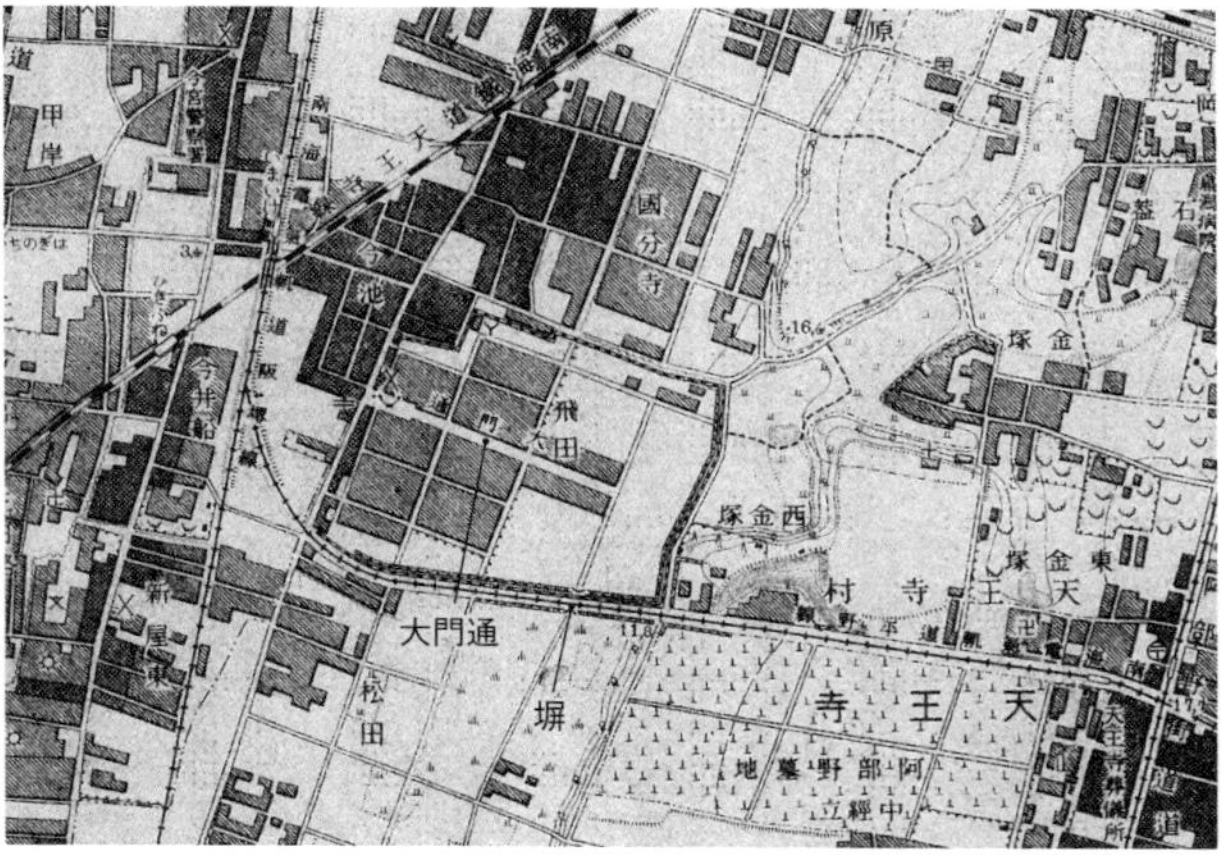

図 5-5　飛田遊廓とその周辺（出典：大日本帝国陸地測量部一万分一地形図「大阪南部」大正 10 年）

開発を一手に担ったのは、阪南土地株式会社である。当時勃興していた投機色の強いディベロッパー（土地建物会社）のひとつで、土地をころがしては泡沫のように消えていく会社も少なくなかった。

飛田遊廓の建設は、三期にわけてすすめられた。最初の妓楼七十軒が開業したのは、大正七（一九一八）年末のことだ。明治初年の松島遊廓の開設から、じつに五十年の空白期間を経て、既成市街地の近郊に新たな遊廓が誕生したのである。飛田遊廓は、前章でみた《今里新地》など、土地経営を目的とした花街の郊外化の先駆であった。

第二期は大正九年開業の三十軒、当時

の地図を見ると、東西の大門通を中心軸にして、大門のある西から東（崖）へと段階的に開発されていたことがわかる（図5－5）。問題は第三期で、大正十一年以降、罹災業者のみならず新規開業者を受け入れることも許可されて、結果として二百三十軒を超える規模にまでふくれあがる（昭和十五年時点）。

大正十五年、阪南土地を大阪土地建物会社が対等条件で合併して、飛田遊廓の家屋賃貸経営を引き継ぐ。大阪土地建物は明治四十四（一九一一）年に創立された土地会社で、天王寺公園の一部を大阪市から賃借し、劇場・寄席・料理屋・旅館などを建設、すなわち新世界を運営する会社でもあった。

興味が持たれるのは、同社が電灯会社を敷地内に併設していたことである。遊廓の経営に、なぜ電灯会社なのか。遊廓の盛時が夜間である以上、貸座敷の電灯は必要不可欠だからなのだが、この近代遊廓に関しては、別の見方をとることもできそうだ。

大阪土地建物が飛田遊廓の経営権を手中に収めたということ、それは廓内にある全貸座敷の貸主になったことを意味する。貸座敷の経営者は借家人であった。当時、一般の住宅でも家賃の値下げを要求する借家人争議が頻発し、ここ飛田遊廓でも業者たちの結束した申し立てがなされていた。借家人たる楼主たちを個別に懐柔して団結を切り崩すことも可能だろう。だが、営業上の生命線というべき電灯を消すと言われれば、どうだろうか。電灯を使えなくなれば当然商売にならないわけで、店子は親会社に逆らうことなどできない。大阪土地建物は電灯会社の経営を通じて、生殺与奪《せいさつよだつ》の権利をにぎっていた、というのである——飛田遊廓の歴史に詳しいKさんに聞いた話だ。

†廓の景観

飛田遊廓は松島のよりは、ずつと新しいだけに、何となくその情緒も濃やかではないやうに思へる。正面のコンクリーの柱を立てた大門からして柔《やわら》か味《み》がない。しかし貧弱ではあるが、見返り柳もあり、中央桜の植込みも松島のよりは広々としてゐるし、大門通りに立ちならぶ妓楼の構へも仲々立派で、この点は松島に比して明るい感じを与へる。

（岸本水府「京阪神盛り場風景」）

飛田は計画的に開発された遊廓だけに、通りごとに大店（十七部屋）／中店（十三部屋）／小店（十一部屋）と建物の規模を区分して、家並みに統一感をもたせていたところに景観上の特色があった（図5-6）。もうひとつの特徴は、図5-5にもはっきりと描かれ

図 5-6　昭和初年の飛田遊廓

図 5-7　現在も残存する塀

ている、廓を囲繞《いにょう》する塀の存在だ。岸本水府も「こゝの特徴は……鉄筋コンクリートの高塀で廓の外廓を取りまいて、僅かに大門一ヶ所を開いたゞけで住居地から隔離した形になつてゐた」（同書）、と指摘する。災害時の避難経路を確保する観点から昭和五（一九三〇）

年に南北の門が開錠されるまで、この廓は閉鎖性のきわめて高い「隔離」空間であった。坂口安吾は、「警察が目隠し」に壁をめぐらしたのではなく、(実際には土地建物会社であるのだが)「楼主が娼妓の逃亡をふせぐために作った」ことを知ったうえで、次のように述べている。

私はしかしこの塀を一目見た時から考えていた。このバカバカしい塀をめぐらすコンタンを起すのはここの楼主だけだろうか。その目的は違うにしても、大阪の警察精神が、こういう塀をブッたててスッポリ遊廓をつつむようなコンタンを最も内蔵しているんじゃないかナ、ということが頭に浮かんで仕方がなかった。

(坂口安吾『安吾新日本地理』)

近代的な空間管理のありようを一瞬にして見抜くあたり、安吾の場所感覚はさすがに鋭い。

塀は部分的に残存して、いまだこの街を取り巻いている(図5-7)——塀の内側の住宅が、塀に穴をあけて玄関として使っているところなどは思わず目をひかれる。開廓当初は、南海鉄道天王寺線と阪堺《はんかい》線も敷設されており、崖下であることともあいまって、二重三重に囲まれた空間であるようにみえる。

千日前の墓所の移転先は、台地上の阿倍野墓地であった。千日前と隣接していた難波新地の一部が、台地の上／下であるとはいえ、その阿倍野墓地の北西に飛田遊廓として再興し、なんの因果か近世都市の〈墓地 - 遊廓〉という空間セットが見事ここに再現されていたわけだ。

†青線と芸人のまち

飛田新地から動物園前の商店街を抜け、広い道路を渡るとコンクリートのガードがある。ガード下には露天商がささやかな店を開き、色のくすんだコートやジャンパー、使い古したようなライターや時計を細々と売っている。（小川竜生『極道ソクラテス』）

《飛田新地》大門前のアーケード商店街を北へすすむ。このあたりは、市場や商店街が輻《ふく》輳《そう》し、独特のにぎわいをみせている。新地は現在の住所表記で山王《さんのう》三丁目にあたり、北側の二丁目・一丁目には、いまだ戦前からの木造住宅が建ち並んでいるものの、近年は建物の更新も著しく、用途のさだまらない空地もふえた。

坂口安吾は「……飛田遊廓、山王町、ジャンジャン横丁、その全部の周辺、サテモ、集りも集ったり、誰に隠すこともなく、これ見よがしの淫売風景大陳列場」(前掲書)と記していたが、戦後の飛田遊廓はいわゆる〈赤線〉と称された公娼地区へと移行し、その周辺には認可のない〈青線〉地区と化したところもあった。くわえて、山王一帯は難波利三《なんばとしぞう》『てんのじ村』に描かれた「芸人横丁」として知られる、芸人の居住空間でもあった。大学時代の同級生がここで卒論を書いたことが思い出される。彼にくっついて聞き取りをさせていただいた芸能事務所の方はお元気だろうか……。

アーケード商店街の北端(動物園前一番街入り口)までたどり着くと、顔を少しあげれば通天閣が目にはいるだろう。新世界までもうすぐだ。

環状線のガード下で、「ばったもん」やら、みるからにそれとわかる偽ブランドの商品をならべて行き交う人びとの目を愉しませていた露天商たちも排除されてしまい、いまは殺風景な空洞と化している。付近の路上で営業していた日刊紙などを販売するスタンドも、いつのまにかなくなってしまった。

ガード下をくぐり抜けると、そこはかつて坂口安吾が「ホルモン焼きの天国」と呼んだジャンジャン横丁の入り口である。

†「糸ある女」の飲み屋横丁

ジャンジャン横町というのは大阪の「新世界」という場末の歓楽街にあるせまい路地である。……新世界そのものは……むらむらとした湿疹部、または手のつけようもなくドタリとよこたわった胃袋とでもいえるようなところだから、ジャンジャン横町はそれにつづく腸管みたいなものである。

（開高健『日本三文オペラ』）

新世界の腸管とは言い得て妙だ。横丁の原形ができあがったのは大正十（一九二一）年――明治末年オープンの遊興地《新世界》に、「腸管」のごとき細街路が十年後に通されたことにはわけがある。三百メートルほど南に誕生した《飛田遊廓》へのアプローチとして開発されたのだ。

遊廓へのアプローチにあたるためなのか、開通当初から飲食店が櫛比し、またたくまに「絃歌《げんか》街路に流るゝ大衆歡樂《かんらく》の珍境」（『新世界興隆史』）が出現した。「珍境」とは何か？

岸本水府によると、通りの「両側には凡《およ》そ廿《にじゅう》数軒のおでん屋が軒をならべ……家毎に紺暖簾に白抜きで家号や『上かん』などの文字を染めたのを張り廻し、丸い御神灯《ごしんとう》風の提灯をぶら下げ、また必ず『糸ある女』入用の貼紙がしてあ」った（「京阪神盛り場風景」）。

では、「糸ある女」とは？

二坪か三坪位の土間の真中に厚板で四角にカウンターのやうなものを作り、その外側に並べた椅子にズラリとお客が腰をかけ、めいめいにコツプを据へて、枠の内側の鍋から「関東だき」（おでん）を引上げ、横ぐわえをしながら……歌を唄ふといふよりもむしろ怒鳴つてゐると、枠の内側の料理番のもう一つ後ろでビールの四打箱か何かに腰を掛けて、その怒鳴り声に合はせ、三味線を鳴らしてゐるその女のことである。

（同前）

北尾鐐之助も、やはり同じ風景をみていた。

……博覧会の売店をみるやうなバラツク建てに、軒先には、みな同じやうな暖簾が吊られてゐる。暖簾をくゞつて中に入ると、大抵は鍵形《かぎな》りにとつた長い食卓が設けられ、その上には、関東煮の鍋がぐら〳〵と煮え立つてゐる。
正面の硝子のところには、菰《こも》をかぶつた酒樽が並び、その前の椅子に腰をかけた女が、がちや〳〵と三味線を弾いてゐる。関東煮の向うには、首筋を真白ろに塗つた女が、ずらりと並んで、客に酒をついでは、唄ひ、呑み、呑み且つ唄ふ。

（『近代大阪』）

盛り場の観察者たちの視線をひいた特異なにぎわいの風景（珍境）が、いきいきと描写されている。飛田遊廓へ通う客たちが、一寸一杯ひっかけてゆく飲み屋がならんでいたのだ。暖簾をくぐると、L字型のカウンターで客たちは「関東煮《かんとだき》」（＝おでん）をアテに一杯飲む。店内の隅っこでは、女性が三味線を「ジャンジャン」と鳴らしてはやし立てながら、客の気勢をあげていた。

そして誰言うとなく「ジャンジャン町」と呼ぶようになり、後に「横町」や「横丁」といった表記があてられるようになるのだ。

ごみごみとした狭い道路を、両側とも同じような店並がつづいている。すし、うどん、串カツ、マージャン、将棋クラブ、カイテン焼き（たいこやき）、ホルモン焼き、一杯五円の黒蜜、姓名判断に薬屋。丁度、東京の池袋界隈にそっくりである。

（林芙美子『めし』）

現在は池袋を想起させるような通りではないけれども、戦後、『めし』の主人公・里子の目に映った将棋クラブや串カツ店のならぶそのさまは、この横丁の原風景といってもよいだろう。

3　花街としての新世界

ジャンジャン横丁を通り抜けると、路地が開け、新世界となる。てっちり、パチンコ、スマートボール、オカマバー、ホモバー、女装バーと、各種風俗がちゃんこ鍋のように煮たっている。

（小川竜生『極道ソクラテス』）

†歓楽の混在郷

大阪のシンボルのひとつ「通天閣」がそびえる新世界。西は堺筋、東は天王寺動物園(阪神高速14号松原線)、南はJR大阪環状線、そして北は国道25号に囲まれた長方形の街区である。中心に位置する通天閣を起点として、放射状に北へとのびる三本の街路が印象的だ。町名を恵美須東《えびすひがし》という。

近年は一様に串カツの店ばかりがふえているけれども、この街の面白さは、一見すると雑多にみえる個性的な異他なる空間が、不思議と違和を感じさせることなく共在しているところにある。通天閣本通、春日通、合邦通《がっぽうどおり》、通天閣南本通、新世界本通、新世界中央通、新世界公園本通、弁天町、ジャンジャン横丁などの商店街にくわえて、新世界市場も立地する。

それればかりではない。神社、大衆劇場、(元歌舞練場を転用した)映画館、パチンコ店をはじめとする遊興施設、さらにはラブホテルまである。通天閣北側の小路に集まる会員制スナックの看板にも、おもわず目をひかれる(そのなかには、わたしの幼少期のあだ名も含まれているからだ)。

新世界の南側には、平成九（一九九七）年、温泉モールとでも称するべき「スパワールド」、そして立体型の遊園地「フェスティバルゲート」（第6章図6－4）という巨大な二つの娯楽施設が誕生した。どちらも新世界とは無関係といわんばかりに背を向けるような

図5-8　新世界。正面奥にスパワールド（撮影：藤部明子）

建築であった。大阪市交通局の所有していた広大な敷地を土地信託方式で再開発したフェスティバルゲートは、期待された集客力を発揮しつづけることのないまま「負の遺産」と化し、わずか十年で生ける廃墟となる。それも現在は取り壊されて、巨大なパチンコ店・ディスカウントストアとなった。

意外にも新世界には居住者が多い。平成十二年の国勢調査によると、恵美須東一丁目の常住人口は千人を超えていた（その後は漸減）。住宅地としての性格も有していたのだ。

藤田《ふじた》綾子《あやこ》が鶴橋の商店街を形容してもちいた言葉を借りるならば（『大阪「鶴橋」物語』）、新世界もまた

「ごった煮」の歓楽郷と呼ぶにふさわしい混在郷《ヘテロトピア》なのかもしれない。

†新世界は花街だった

図5-9は、昭和初期の新世界である。最初に開発された通天閣南側のブロックは、劇場や寄席を中心とする興行街であった。通天閣の東西には、第二朝日、日本倶楽部、芦辺劇場、花月亭、大橋座といった劇場が建ち並ぶ。そして、東仲之町（図5-10）とルナパークには、いろは座、大山館、第一朝日、敷島倶楽部、世界館、パーク劇場、公楽座、パークキネマが集まる。目指すは、千日前・道頓堀であったわけだ。

他方、通天閣よりも北側の遅れて開発された街区には、南側と比べると、小さな区画が集積している。そこには主として売店・飲食店向けに建設された建物が立地し、なかには「待合風の料理店」さえ含まれていた。待合（茶屋）とは、芸妓を呼んでお座敷あそびをする店舗である。待合へも転用可能な料理店という建築様式は、新世界に芸妓を置いて花街にしようとする開発会社――すなわち、後に飛田遊廓も経営する大阪土地建物――の隠れた意図にもとづくものであった。

大正十一（一九二二）年四月、新世界の一部が正式に「芸妓居住地区」に指定され、名

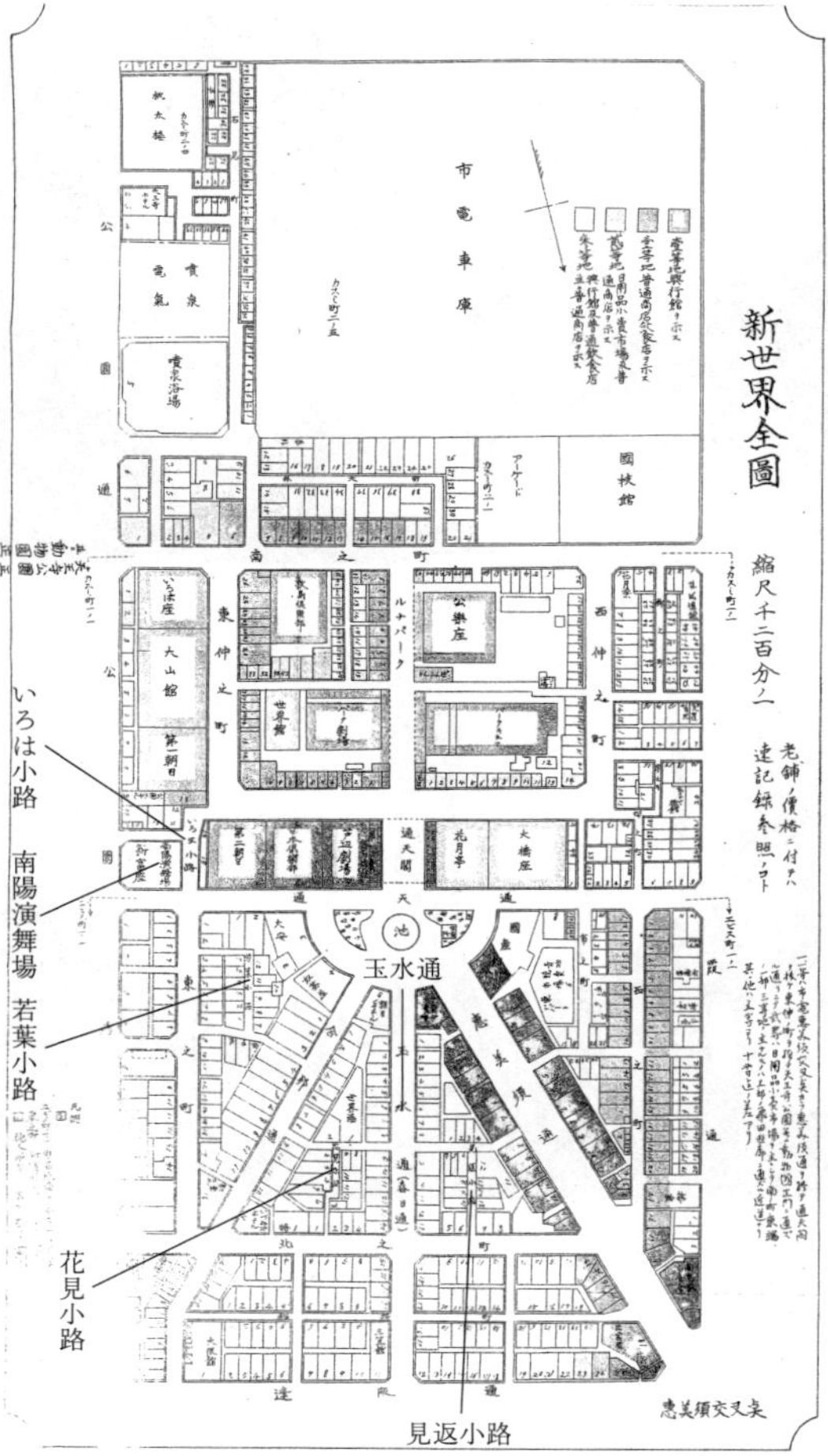

図 5-9　昭和初期の新世界地図。今回のルートは上から下への道順

図 5-10　劇場の集まる東仲之町（昭和初年）

図 5-11　通天閣（昭和初年）

実ともに新世界は花街となる——飛田遊廓が肥大化していくのもこの年からだ。旧来の盛り場である道頓堀と千日前とが南地五花街に隣接するごとく、ここに計画開発型の盛り場－花街が誕生した。その名を「南陽新地」という。市街地北端の花街《北新地》が「北陽」と別称されることを受けての空間的対置であろうか。

図 5-12　かつて南陽演舞場であった映画館「国際劇場」

図5－9をたよりに、花街化した当時の新世界を遊歩してみよう。中心に立つ高塔は、新世界のシンボル「通天閣」である（図5－11）。通天閣の北には、噴水を設えた池と、芝生をうえた小さな公園があり、憩いの場となっていた。

この公園から北へ向かって、放射状に街区がひろがっている。恵美須通は地区内で最大の商店街であり、北西角のエントランスは堺筋に接続する。

夜のとばりの降りるころ、玉水通（春日燈籠がならんでいたことから「春日通」とも呼ばれた）、合邦通、そして東之町を軸線とする街区を南陽芸妓がゆきかいはじめる。この一帯に散在する、艶のある名前を冠した路地——いろは小路、若葉小路、花見小路、見返小路——に注目されたい。永井荷風の描く「狭斜《きようしや》の巷《ちまた》」が、ここ新世界に再現されていたのだ。というのも、「待合風の料理店」を建設するにあたって開発会社は、東京の「魔街」（すなわち私娼窟）を視察し、その建築様式をひそかに模倣していたからだ。花街である東之町とは対照的に、恵美須通の西側裏手にある西之町は、街区全体が大正三（一九一四）年八月十八日開業の新世界市場となっている。いまはシャッターをおろしたままの店舗が多い。

現今の通天閣の東側に花街の痕跡をはっきりと残す建物が現存する。図5－9には、公園通側の「いろは小路」に面して、新富座とともに「南陽演舞場」がみえるだろう。それは、かつて南陽芸妓の温習会《おんしゆうかい》の舞台ともなった建築だ。昭和五（一九三〇）年、五百人を収容する施設として「近世復興式」の建築様式で新築された演舞場であり、現在は欲情的な看板が目をひく映画館となっている（図5－12）。

4　釜ケ崎と黒門市場

†第五回内国博のインパクト

明治四十五（一九一二）年七月三日に開業した新世界は、第五回内国勧業博覧会の会場跡地を再開発して誕生したアミューズメント空間である。建設の理念は、大阪随一の盛り場《千日前》に勝るとも劣らない歓楽街をつくりあげることであった。京都で開催された第四回内国博の跡地が、平安神宮を中心に据えた文教色の濃い岡崎公園になっていることを考えると、モダン都市の空間を構想する方向性の相違は、じつに対照的であったと言わざるをえない。

第五回内国博が市域南部の今宮《いまみや》（現在の天王寺公園と新世界）一帯を会場として開催されたのは明治三十六年である。産業振興を目的とした内国博は、第一回から第三回までは東京、第四回は京都で行なわれ、五回目にして初めて大阪が選ばれた。このイヴェントは「大阪の総てを近代都市に移しかえた」（岸本水府「京阪神盛り場風景」）というほどに大きなインパクトを残しただけに、周辺地区にもさまざまな影響を及ぼしている。

たとえば、新世界からほど近い、特色のあるふたつのまち――釜ケ崎と黒門市場《くろもんいちば》――もまた、内国博とのかかわりがきわめて深い。一方は不思議とそのかかわりを無視することで、逆に他方は無批判に関連づけられて、それぞれの成り立ちが語られてきた。

†スラムとしての日本橋筋

通天閣をくぐって旧恵美須通（通天閣本通商店街）をすすみ、新世界をあとにする。南北に走る交通繁華な道路は堺筋だ。住吉大社の前をとおって、その名のごとく堺へと通じ、さらには紀州（和歌山）へといたることから、かつては紀州街道とも呼ばれた。また、道頓堀に架かる堺筋の橋名が日本橋《にっぽんばし》であるため、橋以南の両側町が日本橋筋と称されていたこともある。現在は東京の秋葉原に類する電気店やホビー・アニメショップなどが軒を並べる「でんでんタウン」として（またその西側の「オタロード」と称される通りとあわせて）、インバウンドの観光客も含め、多くの来街者を集める繁華街だ。

このにぎやかな街が、かつて「長町《ながまち》」や「名護町《なごまち》」とも呼ばれた、大阪最大のスラムであったことを知る人は少ないだろう。市街地の南端、紀州街道に沿って形成された、まるで都市空間の突起のような街区であった。スラムとは、貧困層の集住する地区を指し、居住環境も劣悪をきわめることが少なくない。明治期の大阪では、感染症（コレラ）が大流行したことをきっかけとして、日本橋筋の一部である「長町」が差別的に「貧民の巣窟」

（＝スラム）として流行病の元凶とみなされ、まち全体の解体（クリアランス）がいく度となく計画されたのである（拙著『大阪のスラムと盛り場』）。

実際、明治二十四（一八九一）年の三月から四月末日を期限とするわずか二ヵ月間で、長町の「不潔家屋」に暮らす「貧民」計九千百二十六人を立ち退かせ、空き家となった二千四百十戸分の家屋を取り壊し、間取りが広く、衛生的に不備のない住宅を建築するという、大規模な再開発事業が実施された。「不潔」とされる家屋群を取り払ったこの事業は、大阪初のスラムクリアランスといってよい。

図5-13　日本橋筋の「でんでんタウン」（撮影：藤部明子）

にぎやかな「でんでんタウン」の歴史的レイヤーを複数枚めくりとれば、そこにはスラムとして排除された長町が必ずやその姿をあらわすはずだ。そして、この長町の存在は第五回内国勧業博覧会を介して、ふたつの場所――釜ケ崎・黒門市場――と連関を持たされることになる。

†地図にないまち

この一角〔新世界〕を少し離れたところ――西成区の北部から浪速区に少しだけかかったところに、釜ケ崎というドヤ街がある。

およそ二百軒の宿がひしめき合う日本一のドヤ街だが、いまでは大阪の地図には載せられていないし、その名前も存在しない。

だが、その町並みのなかに――その町の人々の心のなかに、「釜ケ崎」という名はきちんと残っているのだ。

（小川竜生『極道ソクラテス』）

紀州街道を南へ環状線をくぐってゆくと、「宿」をひっくりかえして「ドヤ」と略称される簡易宿所の建ち並ぶ、通称「あいりん地域」にはいる――そこは「日本最大の自由労働市場」であり、「人々は、この一帯を『釜ケ崎』と呼ぶ」（砂守勝巳『カマ・ティダ 大阪西成』）。

特定の場所イメージを喚起する釜ケ崎に関しては、稀代の教科書的入門書である『釜ケ崎のススメ』にはじまり、生田武志『釜ヶ崎から』、原口剛『叫びの都市』、白波瀬達也

『貧困と地域』など、この十年間ですぐれた専門書の出版が相次ぐと同時に、橋下徹市政下で打ち出された「西成特区構想」にもとづく——あるいはオルタナティヴな——「まちづくり」の議論と実践も活発化している。

ドヤの利用者たる日雇い労働者の生活空間であった釜ケ崎は、労働者の高齢化にともなって簡易宿所が福祉アパート（サポーティブハウス）に、あるいはインバウンドの旅行客を積極的に受け入れるホテル（ゲストハウス）に転用されることも多く、地図にないこのまちは急速に変容する側面をも持ち合わせている。

†原風景——鳶田の木賃宿街

のちに《釜ケ崎》と呼ばれる場所がはじめて世間の耳目《じもく》を集めたのは、明治四十年代のことであった。ふたつの新聞記事を参照してみよう。

昔の処刑場にて名高き飛田に二十余軒の木賃宿ありて毎夜大阪市内に入り込める下等労働者、物乞などの連中が宿泊し居る
（『大阪朝日新聞』明治四十三年二月二十五日）

図5-14　大正末期の「釜ケ崎」の木賃宿（『今宮町志』1926年より）

昔の刑場で有名《なだか》い飛田、今は西成郡今宮村の住吉街道に面して木賃宿が何軒となく並び居れり（『大阪朝日新聞』明治四十三年十月二十四日）

文中に登場する「飛田」（鳶田とも表記された）こそ、のちの《釜ケ崎》にほかならない。もちろん飛田遊廓（現・飛田新地）とは場所を異にし、遊廓の名称がこの地名に由来するのかどうかも、いまのところはっきりとはしていない。木賃宿《きちんやど》とは、長期滞在（家族生活）も可能な日極《ひぎめ》の宿泊施設で、建築的な空間形態はまったく異なるけれども、系譜的には現在の簡易宿所（ドヤ）のプロトタイプと考えてよい（図5-14）。

図5－15をみると、城東《じょうとう》線（現・JR環状線の一部）と紀州（住吉）街道とが丁字形に交わるあたりの南西に、「鳶田」という文字がある（地図上の表記では右側から読む）。城東線を挟んで北側の土地区画は、後に新世界が開発される場所だ。そして「鳶田」の「田」の字と「紀州街道」の「紀」の字との間に、墓地の地図記号（⊥）を読み取ることができる

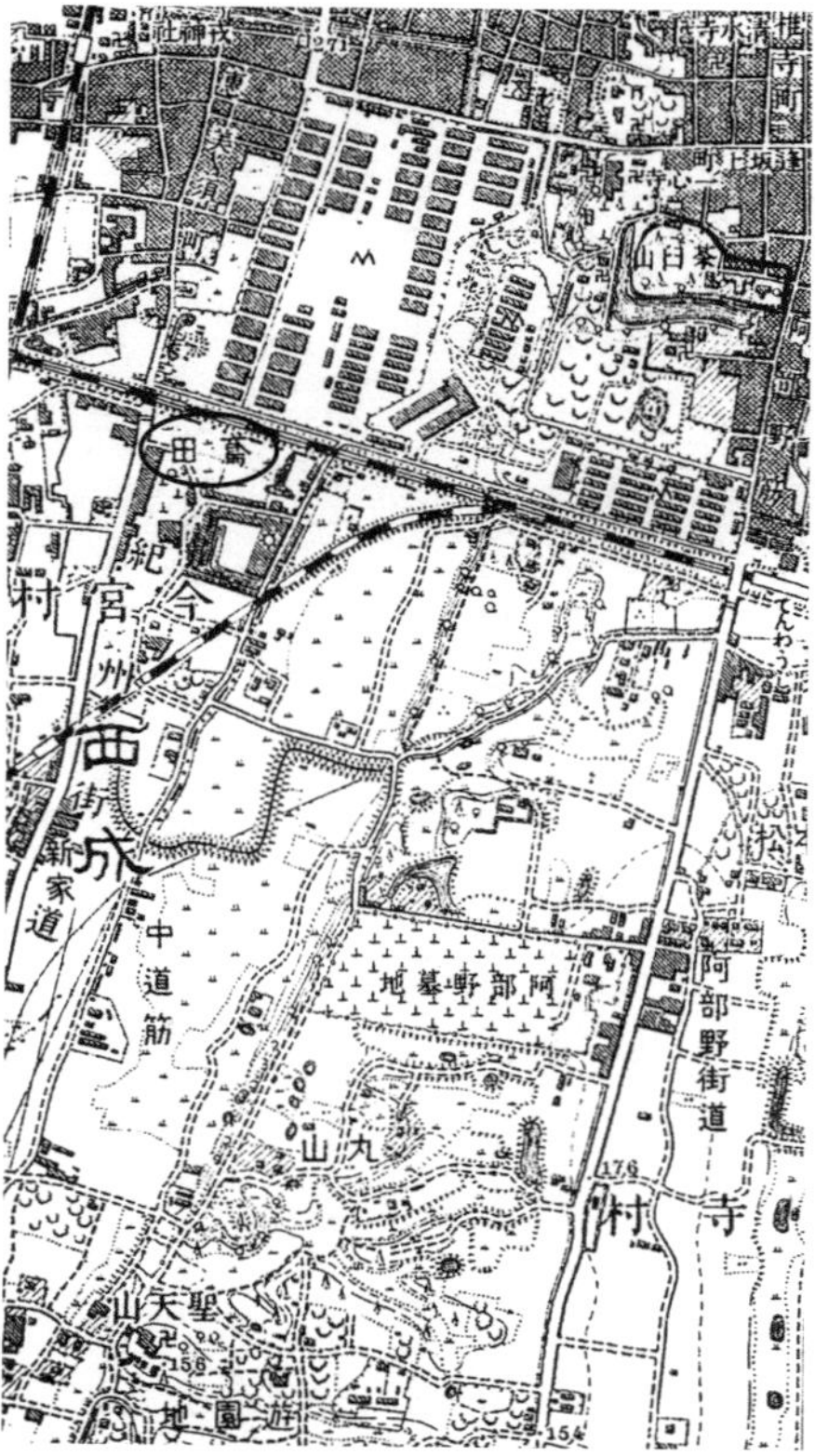

図5-15　紀州街道と「鳶田」（明治41年）（出典：大日本帝国陸地測量部二万分一地形図「大阪東南部」明治41年）

だろう。

もともと「鳶田」は、近世城下町の大坂にあって、千日前などとならぶ「七大墓」のひとつに数えられ、先ほどの記事にもあったとおり、刑場を併設していた。墓地と刑場の機能は、明治期にも引き継がれ、伝染性の疾病（コレラ）流行時には、罹患して死亡した服役者の解剖が行なわれるなど、都市の周縁にあって特異な機能を担う空間であった。

明治十年代前半に刑場などの施設が、またおそらくそれ以前に墓地が移設されていたことから、土地利用という点では（多少の墓石や埋葬された骨が地中に残存したとはいえ）、空地に近い状態となっていたはずだ。だが、墓所や刑場であったというイメージは、そう簡単に拭い去られるものではない。場所イメージは、まさに「鳶田」という地名とあいまって集合的な記憶となり、明治末年に労働者の出入りする木賃宿街が現前すると、その立地は元刑場の鳶田として再認識されたのである。

ここで再び図5－15をみると、たしかに紀州（住吉）街道に沿った東側に、背後に墓地をひかえて建物がならんでいる。その後、木賃宿街は街道を挟んだ西側へとひろがり、日雇い労働者とその家族の生活空間となる釜ケ崎の原型をかたちづくっていくのだった。

†釜ケ崎の成立をめぐる語り

木賃宿街としての「鳶田」が注目されたのは、明治末期のことである。では、木賃宿はいつ、そしてなぜこの場所に立地したのだろうか。釜ケ崎の成立をめぐっては、かつてそれなりに現実味のある定説が存在していた。

……明治三六（一九〇三）年に内国勧業博覧会をいまの天王寺公園・新世界一帯を会場としてひらくことが決まると、会場へ至るいまの堺筋の拡張と見苦しいスラムを沿道からとりのぞく必要が生じた。こうして三四年はじめから工事がすすめられ、長町の住民たちは会場からさきの住吉（紀州）街道に沿って、通称、釜ケ崎、いま「あいりん地区」と呼ばれる地域に移住したのであった。（大阪府『大阪百年史』）

第五回内国博の開催にともない、会場への幹線道路となる堺筋を拡幅し、周辺の「見苦しいスラム」をクリアランスした結果、追い出された人びとが紀州街道に沿って移動して、城東線をこえたところに住み着いた、それが「釜ケ崎」だったというのだ。

大阪初となる大イヴェント開催の決定を受けて、市街地全般のインフラ整備が計画されていたことはたしかである。整備計画のなかで懸案となったのが、会場に通ずる要路として位置づけられた日本橋（堺）筋であった。当時の日本橋筋は道幅が狭く、会期中、馬車・人力車などの交通量がふえれば、会場周辺が混雑することは必至であった。そのため、路幅の拡張や交差点の角切《すみき》りなど、早い段階から道路整備が計画されていたのである。しかも、そこには日本橋筋と会場周辺の「貧民部落の処置」までもが含まれていた。

けれども、拙著で明らかにしたように、表通り裏通りを問わず、ことごとく家屋を「改築」するといった大規模なスラムクリアランスが実施された形跡はない。工事は道路の拡幅を目的とした表店の「軒切り」にとどまり、「貧民」として名指された住民の暮らす裏長屋（「不潔家屋」）は、そのまま残された可能性が高いのである（『大阪のスラムと盛り場』）。したがって、現段階では、内国博の準備に際して長町スラムがクリアランスされ、追い出された住民たちが移住して釜ケ崎の成立をみた、という説は否定されなければならない。事実として言えることは、釜ケ崎に最初の木賃宿が立地したのは明治三十七（一九〇四）年で、明治末年にかけて木賃宿の集積もすすみ、日稼ぎの労働者を中心とする層が生活の場として選択するようになった、ということだ。詳細は『釜ヶ崎のススメ』などを参照していただきたいのだが、釜ケ崎と長町とが語りの上で空間的連環を持たされてきたことだけはたしかである。

†釜ケ崎銀座の沖縄

……釜ケ崎には沖縄や奄美出身の労働者が実に多い、そして身を寄せ合うように徒党を組み、彼らだけしか集まらない飲み屋もある……

（砂守勝巳『カマ・ティダ　大阪西成』）

ＪＲ新今宮駅の南を旧紀州街道へとはいる。高層化したドヤ、狭小な飲食店、西成警察署、そして三角公園とならぶこの通りは、木賃宿の集積した「鳶田」にまでさかのぼる釜ケ崎の目抜き通りであり、いつのころからか「釜ケ崎銀座」と呼ばれている。釜ケ崎銀座の隠れたエピソードを教えてくれる新聞記事があるので参照してみよう。

沖縄の日刊紙『琉球新報』（一九六七年十月一日）に、冒頭「釜が崎《ママ》はアンコ（日雇い労働者）の町である」という一文からはじまる、とても興味ぶかい記事が掲載されている。それは、「ある生活」と題された連載の第三十六回で、釜ケ崎で大衆食堂「丸高」（高）を営むT氏（当時四十六歳）を紹介する内容だ。
那覇市近郊の小禄《おろく》出身というT氏は、十五歳のとき、「都会へ出て金をかせごう、貧しさからのがれよう」と決意し、家出同然で大阪商船の貨客船「台中丸」に飛び乗り、大阪へとやってきた。料亭の下足番をふりだしに修業をかさねて一人前の板前となり、包丁一本で生計を立てる目途がついた矢先に召集、中国北部で終戦をむかえる。引き揚げた先は、故郷の沖縄ではなく、修業を積んだ大阪であった。
T氏は、記者のインタヴューに答えて、自身の戦後を次のようにふりかえる。

かつぎ屋をやったり、みんな苦労したもんだす。だけど、私は運が良かったんでんなあ。焼け野原だった釜が崎に同郷のIさんがバラックを持っていた。それを借りてはじめた飲み屋が当たりまして、みるまに一財産こしらえてしもうた。

昭和二十五（一九五〇）年に釜ケ崎の「どまん中」、すなわちのちの釜ケ崎銀座に土地を購入、その二年後には自宅を兼ねた食堂を建設した。父が病死、三番目の弟が戦死したことを知ったのは店を構えた後であったといい、商いが軌道に乗るのにあわせて、郷里から母と二人の弟を呼び寄せている。

記事が掲載された当時、二番目の弟はやはり釜ケ崎で「グリル」を、同じく四番目の弟も八百屋を営んでいた。住宅地図などから判断するに、弟二人は昭和四十年前後に起業したものと思われる。大阪万博の開催に向けた建設事業が活発化し、釜ケ崎もまた活気をみせていた時期のことだ。

釜ケ崎に店舗を構えた沖縄出身者は、T三兄弟ばかりではなかった。当時、釜ケ崎銀座には、T氏のほかに沖縄出身者の経営する「スタンドバー」が十軒以上も立地していた、というのである。大正区に沖縄の出身者やその縁者が多く暮らしていることは知られているけれども、西成区もそれに次ぐ在住者があったといい（平良盛吉『関西沖縄開発史』）、県人会も組織されていた。釜ケ崎銀座は、西日本の島嶼《とうしょ》部を含む遠隔地にまで開かれた、戦後大阪のある種の窓口となっていたのだ。

三角公園の手前、東西につらなるアーケード商店街を左折すると、再び飛田新地のある山王町へと出てしまう。ここは踵《きびす》を返して、堺筋まで後戻りしよう。

†黒門市場の成立

再び新世界北東の交差点に立つ。かつて堺筋は、北から三越・白木屋・松坂屋（現在は高島屋東別館）と百貨店の立地する市街地きっての南北主要道路であった。阪神高速1号環状線を過ぎると、電気と趣味のまち「でんでんタウン」にはいる。以前は長町スラムの周辺化した「不良住宅地区」を改良して建設された下寺《しもでら》住宅（通称「軍艦アパート」）なども存在し、〈長町〉の記憶を可視化していたが、いまはもうない。「でんでんタウン」を歩いても、もはや長町に由来する場所イメージが喚起されることなどないだろう。

電気店の大型化・量販店化がすすむなかで、日本橋四丁目西側の「日本橋五階百貨店」と「日本橋商店会」は、工具、部品、旧型のビデオデッキなど、じつに多様な機器を雑然とならべた店舗が集積して、独特の空間をうみだしている。

そこより北、日本橋三丁目の交差点を過ぎると、アーケードがなくなる。堺筋をはさんで西側は千日前、そして東側は老舗の鮮魚店のならぶ「浪速の台所」、黒門市場だ（図5-16）。歴史的にみるならば、盛り場とスラムの近傍に位置したことになる。じつのところ黒門市場の成立もまた、内国勧業博覧会の開催にともなう市街地整備とかかわりがあった。

内国博の会期中には多くの来場者が予想されるなかで、堺筋（日本橋筋）における円滑な交通・運輸の実現は必須の条件となる。すでにみたとおり道路の拡幅とともに議論されたのは、周辺にある「貧民家屋」の処遇であった。だが、強制的に「貧民」を立ち退かせ、空いた家屋を取り払うとなると、ことは容易でない。そこで現実的な問題として、路上で「朝夕付近の貧民が小買物の為に群集して市を為し車馬の通行」を妨げていることが注目された。「貧民」の「衣服挙動」は不快感を惹起し、「市の体面」を傷つけるという懸念までだされている。現実味のない「貧民家屋」の取り払いではなく、朝に夕に自然と開かれる市場の「改良」が求められたのだ。

図 5-16　黒門市場（撮影：藤部明子）

　青物その他の市を往々街路に開設して、殆ど交通の出来ぬ様になつて居る所がある、此等は多年の慣行でやつて居るのであるから、現今の儘《まま》では十分の取締は六《むつか》ケしからうが、多少取締の付かぬこともなからうから相応の取締方法を設けて余り往来交通の妨げにならぬやうにしたいのである、シカシ全体市場は別に街路の外に設けしむることとなし、街路は往来交通の妨にならぬやうにせねばならぬのである、故に此等も相当の年限を仮して改良を図ん事を望むのである。

（『大阪毎日新聞』明治三十五年四月二十七日）

実際、この記事が掲載される数カ月前、ある「市」が交通の妨げになるという理由で、路上から業者たちが排除されている。それは日本橋のたもとに立つ「市」で、追い出された魚売り業者たちは、すぐさま「街路の外」に市場を新設して、営業の再開にこぎつけていた。

明治三十六（一九〇三）年内国勧業博覧会開設当時正門道路筋ニ当リ其附近ニ於テ任意軒下或ハ街路ニ蝟集《いしゅう》シ青物生魚等ノ露店ヲ開キ売買ヲ為シ居ル状態ナリシガ其筋ヨリ街路取締上支障ヲ生スルトノ御達示《おたつし》ニ接シ此等不都合ノ改善ヲ計リ需要供給ノ便ニ資スヘク茲《ここ》ニ食料品市場ヲ開設スルニ至ル……

これは大阪府が大正八（一九一九）年に行なった調査に対して、黒門市場から提出された「沿革」である（『食料品市場調』）。日本橋筋の「市」は当時、「軒下」や「街路」に「蝟集」して「青物生魚」を扱う「露店」であった。ところが、内国博の開催をひかえ「正門道路筋」にあたることから当局の「御達示」にしたがって、「露店」は高津に移動し集団的に店舗を構えることになる。これが「黒門市場」の成立事情だ——開業は明治三十五年三月十五日。

戦後「浪速の台所」を代名詞とする商店街に発展した「黒門市場」もまた、第五回内国勧業博覧会の所産なのであった。

5　《ミナミ》——相関する諸場の小宇宙

†千日前へ

……千日前は、自動車どころか、自転車も通りやしないナ。ここは人間の通行という用のみに便じる道ではなくて、道を歩くこと自体が遊びであり、あッちの店をのぞき、コッちの店へ色目をつかい、ノンビリ行楽するところである。

（坂口安吾『安吾新日本地理』）

第1章でみたとおり、近世大坂の南縁に位置する道頓堀は、芝居小屋の建ち並ぶ遊興空間であった。そのさらに南側に登場してくるのが、墓所の跡地を再開発した盛り場としての千日前である。明治期の千日前は、「千日前発起人」として名を連ねた香具師たちの経営する見世物小屋を中心とする雑多な街区であったものの、芝居小屋の大型化と映画興行の隆盛によって、大正後期以降は大阪随一の盛り場へと発展する。

この千日前を象徴してきたのが、現在、千日前通に面した「ビックカメラ」の入居する建物の区画である。明治末年の大火災——通称「南の大火」——後、幅員のひろい道路と市電とが敷設されて（現在は阪神高速15号堺線もはしる）、道頓堀から南へ一直線につらなる千日前は南北に分断されるかたちとなった。その角地に誕生したのが、「東洋一の大娯楽場」を謳う楽天地である（図5-17）。その後、昭和初年に建て替えられて歌舞伎座となり、戦後は進駐軍の慰安施設としても利用された。

図 5-17　往時の楽天地

図 5-18　ビックカメラが立地する旧楽天地の区画（撮影：藤部明子）

昭和四十七（一九七二）年五月、火災で多くの死傷者を出した千日デパートも、この土地区画に立地した建物だ。犠牲になった「アルバイトサロン」の女性従業員たちの多くは、釜ケ崎銀座（住吉街道）の南に位置する天下茶屋《てんがちやや》から通っていたという（寺島珠雄編著『釜ヶ崎語彙集1972-1973』）。「プランタンなんば」として再建された建物は現在、ビックカメラとなっている（図5-18）。

「千日前という漠然たる呼び方」は、「道頓堀筋から南に折れて、歌舞伎座前の電車道を踏切らせ、難波の南海ビル辺りまで漠然と歩かせている」と、北尾鐐之助は記していた（『近代大阪』）。盛り場を愉しむ者たちは道頓堀から千日前へといざなわれ、墓場から変じた盛り場を気の向くままに漫歩していたようだ。旧歌舞伎座から南海ビル（南海なんば駅）にいたる一帯は、いまも変わらず繁華な盛り場である。織田作の愛した「雁次郎横丁」も部分的に残存している。そこは、奥田弁次郎をはじめとする千日前の発起人たちが小屋掛けをした、まさに千日前草創の地でもある。

ビックカメラ前から千日前通りをわたって北へすすむ。「千日前」という地名の由来にもなった竹林寺は、いつも線香のかおりをただよわせ、ここが寺と墓地と刑場からなる場所であったことをかろうじて伝えていたが、いまはそれもなく（二〇〇八年に移転）、跡地には複合レジャー施設が建つ。

法善寺に寄って、柄杓《ひしやく》ですくった水を水掛不動尊《みずかけふどうそん》に投げかける。奥に墓地もあるはずなのだが、壁にさえぎられてみることはできない。境内の玉垣には、花街としての南地に関係する店やら団体やらの名が刻まれている。路地を抜けると、織田作が描いた法善寺横丁にでる（図5－19）。二度にわたる火災後、複数の敷地にまたがる特定の区画をひとつの敷地と措定する「連担建築物設計制度」を適用して、路地空間をそのままに復原した。織田作の描写さながらに、水にぬれた石畳を東へ抜けると、道頓堀はもうすぐそこだ。

図5-19　火災前の法善寺横丁

かつては「……今まで道頓堀を歩いていた同じ人間が、一たび辻を南へ折れて千日前の通りを歩き出すと、とたんに人が変ったように、どこか顔の相までが変って」みえたというが（藤沢桓夫『私の大阪』）、インバウンドの観光客であふれかえる人波に浮かぶ顔は、とくに変化もなさそうだ。

京都の東山にはじまった漫歩は、ここに終わる。

†空間的排除としての郊外化

釜ケ崎で労働者として生活していた詩人でもある寺島珠雄は、東京の労働者のまち山谷と釜ケ崎とを、周辺部の空間的共通性に着目することで比較している（『釜ヶ崎 旅の宿りの長いまち』、『釜ヶ崎語彙集1972-1973』）。

まずは盛り場との関係である。新世界は明治末年の開発であるのに対して、浅草の歴史は江戸期にまでさかのぼる。釜ケ崎と新世界は空間的に「抱合した一体」であるのに対して、山谷と浅草はやや離れている。

旧遊廓という点でも、新吉原は飛田よりもはるかに歴史は長いが、寺島は売春防止法の施行後も旧態をとどめる飛田新地に、新吉原にはない「強靭さ」をみてとった。それぞれの位置関係は、山谷→新吉原→浅草と北から南へリニア状にならぶのに対して、「釜ケ崎の場合は飛田と新世界と角度のゆるい三角形をなしている」のだが、近接していることにかわりはない。そのほかに、皮革産業の町も隣接する等々、たしかに類似する空間的特徴がある。

このような寺島による整理のなかで、とりわけ興味が持たれるのは、日雇い労働者のまちと遊廓との近接性である。この位置関係は、はたして偶然なのだろうか。明確な回答はむつかしいのだけれども、大阪にかぎってみた場合、ひとつの地理歴史的な条件を見いだすことができる。それは、ある種の空間的排除とでも呼ぶべき「郊外化」にほかならない。ここまでの行程を、いまいちどふりかえってみよう。

まず明治初年に、刑場を併置していた千日前の墓所が、市街地近郊の高台に移転した——「南の新墓」と呼ばれた阿倍野墓地である。明治中期に長町が解体されて貧困層が周辺化し、明治後期になると今度は既成市街地における木賃宿の営業が規制されて、当時はまだ市外であった旧鳶田墓地周辺に木賃宿が集積しはじめる。日稼ぎ労働者とその家族、そして彼ら彼女らの居住の場となる宿とももども、市街地を回避して近郊に自らの居所を定めるほかはなかった。釜ケ崎の成立である。

そのあとを追ったのが、遊廓の難波新地だ。火災から地区指定されるまでには空白期間があるものの、阿倍野墓地と接する土地——そこは釜ケ崎の東に位置する——に飛田遊廓として再生した。

近世大坂の南端に位置した遊廓‐墓地‐木賃宿街という空間的三つ組みが、タイムラグをはらみながらも、そろって近代大阪の南郊に移動し、機能的にはそっくりそのまま再現されたのである。周縁性を帯びた空間の移転先として、既成市街地からみれば、近からず遠からずの近郊が選択されていたのだ。この布置構成それ自体のうちに、わたしたちは衛生や道徳にまつわる都市地理的力学(＝空間的排除)の作用した痕跡を読み取ることもできるだろう。

第 6 章

大阪 1990
――未来都市の30年

2025年大阪万博会場予定地の夢洲(2018年11月、提供:朝日新聞社)

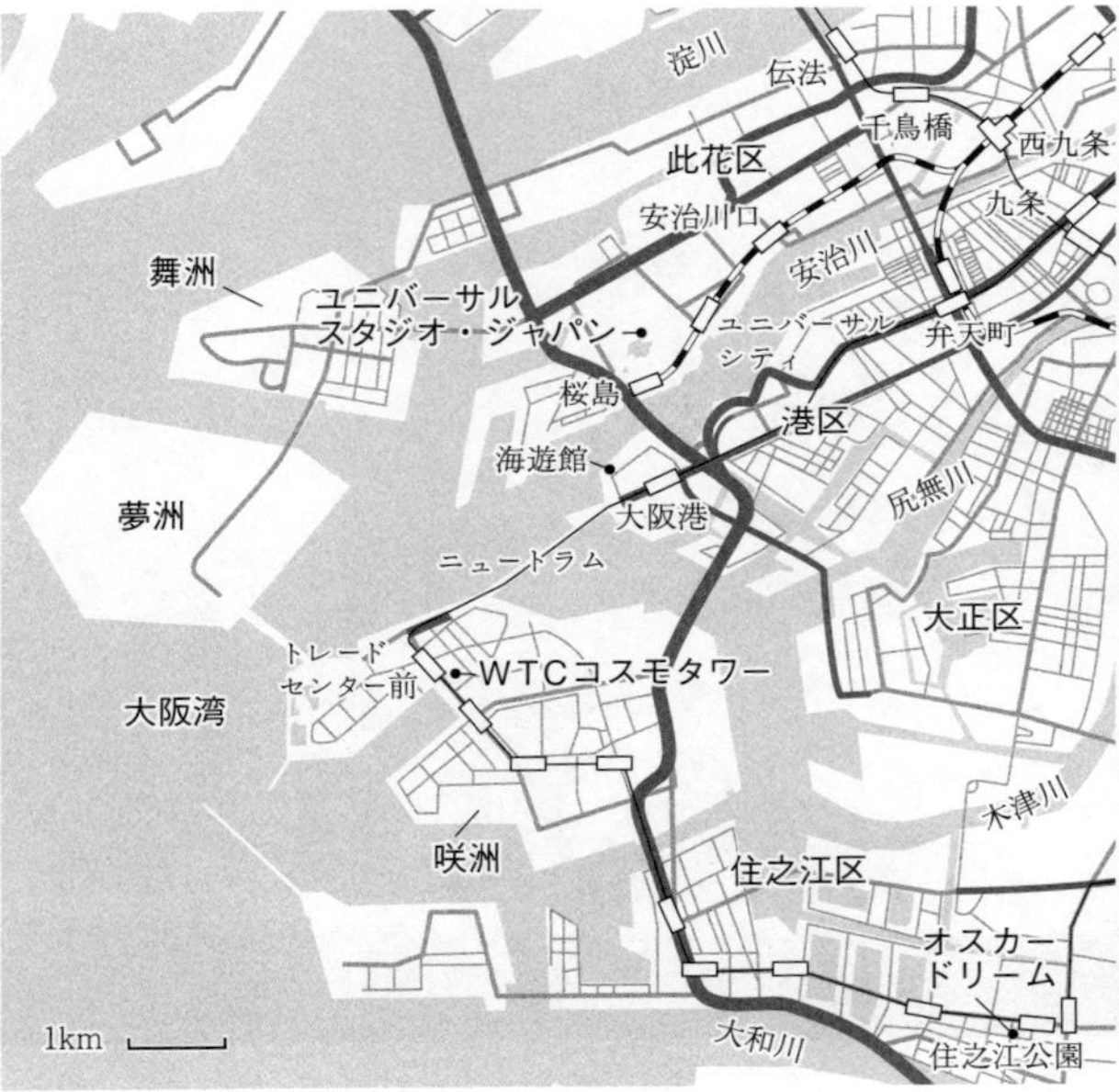
淀川
伝法
千鳥橋
西九条
此花区
九条
安治川口
安治川
舞洲
ユニバーサル
スタジオ・ジャパン
ユニバーサル
シティ
弁天町
桜島
港区
海遊館
大阪港
尻無川
夢洲
ニュートラム
大正区
トレード
センター前
WTCコスモタワー
大阪湾
木津川
咲洲
住之江区
オスカー
ドリーム
1km
大和川
住之江公園

図 6-1　臨海部

1　大阪湾の新都心

現在、市内では…〔略〕…テクノポート大阪計画をはじめとする様々なプロジェクトが進められていますが、個個には独立して見える各プロジェクトも、実は有機的な結びつきをもっており、その集積がダイナミックな大阪を造り出していきます。
（大阪市長・西尾正也（当時）『大阪市主要プロジェクト集』一九九〇年）

†二〇二五年万博、夢の舞台

二〇一八年十一月、大阪では一九七〇年以来五十五年ぶりとなる二〇二五年国際博覧会（万博）の開催が決まった。「いのち輝く未来社会のデザイン」をメインテーマに、「多様で心身ともに健康な生き方」と「持続可能な社会・経済システム」をサブテーマに掲げて、課題解決型の未来像を提案する万博となる。会場として予定されているのは、大阪湾に造成中の人工島・夢洲《ゆめしま》である。決定の段階で居住者はなく、商店もコンビニエンスストア一店があるにすぎない。

一九六四年東京オリンピックと一九七〇年大阪万博の組み合わせを再現するかのような開催となるが、会場の設定からみると、丘陵を開発した千里ニュータウンに隣接する前回と、今回の人工島とでは立地条件を大きく異にしている。此花区の地先を埋め立てた、その名も夢洲を舞台に催されるのは、旧来の重工業（「葦の地方」）とは無縁とばかりに、ライフサイエンス分野を中心とする最先端技術の競演会となるはずだ。

ビッド・ドシエ（立候補申請文書）の概要によると、百五十五ヘクタールの会場には、パビリオンのほかに「空《くう》」と称する大広場五カ所が設置される。また、水路や並木を整備するなど、人工島にありながら、あるいはそうであるがゆえに快適空間の演出にも配慮を欠かさない。大阪湾に面した南西部からは、淡路島や明石海峡大橋を背景にひろがる「美しい景観」を眺望することもできる――ただし、海面に目を落とせば思わず顔を背けてしまうにちがいない（夏季の水質はとくにひどい）。

興味を惹かれるのは、会場の空間デザインである。自然界に存在する幾何学的なパターンの「ボロノイ」図をもちいて、パビリオンは離散的に配置される。この非中心性が共創的な「未来社会」のありようを空間的に表現するというわけだ。人工島を舞台に演出される未来社会、そこでわたしたちはどのような時空間を体験することになるのだろうか……。

†テクノポート大阪

日本万国博覧会（通称「大阪万博」一九七〇年）から数えて二十年目にあたる一九九〇年――それは、国際花と緑の博覧会（略称「花の万博」）が開催された年でもある――、大阪市は『大阪市主要プロジェクト集』なる冊子を刊行した。本項の冒頭に引用した一文は、市長（当時）西尾正也のあいさつ文である。

そのなかに今となってはほとんど耳にしない語句（プロジェクト名）が紛れ込んでいたことにお気づきであろうか？「テクノポート大阪」計画――それは〈大阪湾の新都心〉と銘打たれた『大阪市主要プロジェクト集』のトップを飾る事業であった。結論から言ってしまうと、未完に終わった「テクノポート大阪」の後処理として誘致されたのが二〇二五年万博ということになる。

「夢洲」の造成がはじまったのは一九七七年、当初は公共事業から生じる残土や廃棄物を埋め立てるためだけの処分場であった。ウォーターフロントに出現する土地区画を有効活用すべく、一九八三年に市制百周年を記念する事業として「テクノポート大阪」計画が発表され、一九八五年には基本構想がまとめられる。当時はまだ人工島に固有の名はなく、現在の舞洲《まいしま》は「北港北地区」、同じく夢洲は「北港南地区」（いずれも此花区）、そして咲洲《さきしま》（住之江区《すみのえ》）のコスモスクエアは「南港地区」と呼ばれていた。

「テクノポート」とは、先端技術産業の集積地を意味する「テクノポール technopole」にならって、技術（techno）と港湾（port）とをたし合わせた造語であろうか。事実、計画のうたい文句は「世界に開かれた高度情報都市」で、主要な土地利用は「高度情報通信ゾーン」（大阪テレポート／オフィスパーク）、「ハイテク企業の研究ゾーン」（リサーチパーク）、「国際取引・総合物流・国際交流ゾーン」（ワールドトレードパーク）とに区分され、そのなかには「文化・レクリエーション・居住機能」も配置されることになっていた。『大阪市主要プロジェクト集』の説明を引用しておこう。

大阪が21世紀に向かって活力と魅力ある国際情報都市として発展してゆくため、臨海部の広大な土地（南港及び北港）に先端的かつ高次の都市機能を先行的に集積させることによって、近畿・大阪都市圏の発展をリードしていく拠点としてのまちづくりを行うもので、事業完成時には昼間人口約20万人の都市が出現する。

産・官・学の研究開発部門、貿易機能、情報・通信機能のほか、高度な都市機能（国際的な水準に耐えうるコンベンションセンターや住宅、レクリエーション施設など）を集積させる計画であった。

『大阪市主要プロジェクト集』の〈大阪湾の新都心〉には、「テクノポート大阪」計画に次いで、この計画の枠内に位置づけられたふたつのセンターが紹介されている。すなわち、「わが国初の国際卸売センター」たるアジア太平洋トレードセンター（ATC）、そして「テクノポート大阪のシンボルとして」の大阪ワールドトレードセンタービル（WTC、愛称コスモタワー）である（図6－2）。一九九四年にATCが、翌一九九五年にWTCが相次いで「テクノポート大阪」の中核施設として南港にオープンする。WTCは当時西日本で最高の二百五十六メートル

図6-2　大阪ワールドトレードセンタービル（撮影：藤部明子）

（五十五階）を誇るビルであった。

「広大な空間と遠大なプランのもとで育まれ、熟成される21世紀の臨海新都心『テクノポート大阪』」――これが舞洲・夢洲・咲洲命名後のキャッチフレーズだ（一九九二年）。だが、二十一世紀になっても大阪に夢の〈臨海新都心〉が誕生することはなかった。ATCとWTCともにテナントの入居がまったく進まず、開業当初から赤字を累積させる。大阪市はWTCに複数の部局を移して「第二庁舎」化することでしのぎつつ、その後、橋下徹府政下で府庁の移転が目指され、計画それ自体は否決されたものの、建物を府が購入するにいたった。結果、現在は大阪府咲洲庁舎となり、多くの部局が入居している。ATCも「国際卸売センター」として機能することはなく、大阪市の建設局をはじめとする部局が入り、現在は「大阪南港エリアの複合型商業施設」という位置づけだ。略称の原語の意味はすっかり失せてしまった。

他方、此花区側では舞洲（会場）と夢洲（選手村）を舞台に「史上初の海上五輪」を謳って二〇〇八年夏季オリンピック・パラリンピックを招致するも北京に惨敗、造成途中の夢洲の用途は棚上げされたままとなる。基本構想から三十年以上の歳月を経てなお造成を終えていない夢洲の現状は、この間の紆余曲折（あるいはたび重なる挫折）を如実に物語る。

この島には「負の遺産」というまくら言葉がつきまとい、いつのまにか「テクノポート大阪」も死語となった。

2　ダイナミック大阪と「負の遺産」

†ファッショナブルな都市空間

『大阪市主要プロジェクト集』で〈大阪湾の新都心〉以上に目をひくのが、「魅力あるまちづくり・ファッショナブルな都市空間」という項目に一括された八つの事業である。いまとなっては気恥ずかしくなるものばかりなのだが、当時のキャッチフレーズをそのままならべてみよう。

①アメリカ村にファッショナブルなショッピングビル
②全国最大スケールの公有地信託
③国際都市大阪のミナミの玄関にふさわしい都市機能の集積を図る

④南大阪の核としてターミナルに隣接する28haに及ぶ大規模な再開発
⑤大阪駅前にふさわしい魅力ある地下空間
⑥文化、国際、情報性の強化に資する拠点として開発
⑦21世紀のドラマチック夢空間
⑧住之江に舞いおりるOSAKAの未来

地名のある場合はともかく、謳い文句だけでは事業内容を把握しかねるものも多いので、簡単に整理しておきたい。

①の正式名称は「中央区西心斎橋開発土地信託事業」（予定事業費一〇七億円）で、移転した旧南中学校跡地の「有効活用」を企図したプロジェクトだ。アメリカ村の中心に位置する地の利を活かして「ファッション・デザイン産業のインキュベーター拠点」となることも期待されていた。のちに商業ビル「ビッグステップ」としてオープンする。

②は「港区弁天町駅前開発土地信託事業」（八四〇億円）で、「弁天町地区を副都心的な地区」として発展させるべく「西日本一高いコンプレックスタワー」を含むオーク1〜4番街を建設するというもの。一九九三年、高さ二百メートル（五十階建て）の1番街を中

心に据えて「オーク200」として開業した。
③は「湊町《みなとまち》地区総合整備計画」で、JR関西本線湊町駅（現在は地下化された難波駅）を中心とした（貨物ヤード跡地を含む）一帯を開発し、一九九六年にOCAT（大阪シティエアターミナル）が開業した。関西国際空港の開港（一九九四年）と連動した再開発である。OCATはその名のごとく、大阪と関空とをつなぐ結節点として位置づけられた。
④は戦後日本で最大の規模かつ最長の時間を要した「阿倍野地区第二種市街地再開発事業」（二六二〇億円）である。基本構想が発表されたのは一九六九年、事業が終了したのは二〇一七年だ。地権者が多く、用地の買収に時間がかかり、四十年以上の歳月を要した。その損失は約二〇〇〇億円にのぼるという（終章も参照されたい）。
⑤「大阪駅前ダイヤモンド地区地下交通ネットワーク整備事業」（三七〇億円）と⑥「西梅田地区開発計画」（西梅田土地区画整理事業、一五一億円）は、戦後の大阪駅前市街地改造事業につづく駅周辺再開発と土地の高度利用をめざす。
最後に⑦・⑧は、どちらも未来に夢を託すフレーズを冠している。⑦の事業名は「霞町車庫跡地開発土地信託事業」（七四九億円）、新世界の南部に位置する市交通局所有の土地区画で、アミューズメント施設を核テナントに三十六階建ての住宅棟を併設する大規模な

再開発計画であった。これは、後述のフェスティバルゲートに帰結する。

同じく⑧も市交通局の土地区画を再開発して、地上二十階のホテル棟を備えた商業施設を建設する「住之江車庫開発土地信託事業」（二一三億円）である。そこには「オスカードリーム（Osker Dream）」なる名称があたえられていた。

†大阪1990の出発点

以上に概略した各プロジェクト間には「有機的な結びつき」があるとされていたものの、いかなる結びつきがあったのかは、結局のところさだかでない。だが、大規模な再開発を中心とする一連の事業の構想は、たとえば中馬馨《ちゅうまかおる》市政下で一九六七年に策定された『大阪市総合計画／基本構想1990』（大阪市総合計画局）などに早くも見て取ることができる。

市制施行百周年の節目を一九八九年に迎える市政にとって、新たな百年紀の起点に立つ未来の都市像を構築する転換点、それが一九九〇年であった。「基本構想1990」における目標のひとつは管理中枢機能の強化で、生産をベースにした工業都市からの脱皮が意図されていた。「将来は生産の場としてよりも、広域経済圏の生産を支える経済中枢機能の中心地」をめざし、金融機関・商社・生産会社の管理部門、それらを支える対事業所サーヴィス部門が「集積の利益」を享受できるような〈副都心〉を開発して、多心型の都市形態へ移行することが求められたのだ。

都心に集中する業務機能の分散策としてとくに重視されたのが、北部の新大阪駅と西部の弁天町駅の周辺であった。このふたつの地区を新しい〈副都心〉として建設するというのである。ほかにも、「湊町周辺を通勤交通センターとして位置づけ、旧来の繁華街〔心斎橋筋や千日前〕方面との接続性を高める」という難波地区改造計画、「北の梅田に対する南の玄関口として、副都心的な性格を付与する」という阿倍野地区改造計画もあげられている。後者にいたっては「南斎場と阿倍野墓地をともに移転させ、跡地を交通関連の用途に転換〔〕阿倍野筋沿道を奥行きの深い業務商業地区とする」ことなど、「阿倍野地区第二種市街地再開発事業」をはるかにしのぐ大規模な事業が構想されていた。

一九九〇年代のビッグ・プロジェクトのうち、新大阪や弁天町、そして阿倍野に代表される拠点型の開発構想〔少なくともその方向性〕は、「基本構想1990」においてほぼ出そろっていたことになる。

†土地信託と「負の遺産」

「ファッショナブルな都市空間」と関わって想起しておくべきは、当該地所（①・②・⑦・⑧）の再開発が、土地信託にもとづく事業であったことだ。土地信託とは、土地の所有者に代わって信託銀行が施設の建設や管理を手がけ、賃料などの収入から借入金の返済、維持管理費、信託報酬などを差し引いた収益を所有者に配当する制度で、契約期間が満了すれば土地と建物は所有者のもとに返される。

一九八六年の地方自治法改正にともない、自治体は土地信託による公有地の活用が可能となった。遊閑地をもてあましていた大阪市は、この手法に飛びつく。構想段階から結末（現状）にいたるまでを眺めてみると、市交通局所有のふたつの土地（⑦・⑧）は、まさにその象徴だったといってよい。

「住之江に舞いおりるOSAKAの未来」（⑧）、その舞台となるべく建設されたのがオスカードリームである。仰々しくも「大阪21世紀の都市像に先鞭をつけるリーディング・タウンとしての役割」をはたすことが期待されていた（『大阪市主要プロジェクト集』）。

表6-1　土地信託による再開発

事業名	信託開始（年）	開業（年）	信託期間配当見込（億円）	配当	経営動向
オーク200	1988	1993	272	×	2014年　赤字637億円を市が補償 2015年　86億円で売却
ビッグステップ	1989	1993	259	○	2007年　167億円で売却
オスカードリーム	1991	1995	263	×	2014年　負債283億円を市が負担 2015年　13億円で売却
フェスティバルゲート	1991	1997	57	×	2004年　経営破綻 負債380億円のうち200億円を市が負担して清算 2009年　14億円で売却

「ドラマタイゼーション（出会い、劇場性）」
「リライアビリティ（安心、信頼）」
「エデュケーション（知性、文化）」
「アメニティ（楽しさ、やすらぎ）」
「マーケタビリティ（市場性、実効性）」

カタカナ表記の英単語をならべているところなど、いまとなってはなんとも珍妙にみえるが、当時は大まじめにこれら五つのテーマを軸にして「大阪の未来を先取りする地域核」とするべく、「民間活力」の活用（土地信託）を図ったのである。信託期間三十年間の配当見込み額（二六三億円）は、環状線の弁天町駅に接する好立地のオーク200と、さして変わらない数字だ（表6－1）。

このような期待値の高さは、バブル経済に踊らされたのはもちろんのこと、その立地条件に起因するところも大きかったと考えられる。というのも、住之江車庫の敷地はニュートラム（南港ポートタウン線）の住之江公園駅に接しており、まさに開発の進まんとする「テクノポート大阪」の玄関口にあたっていたのだから。一九九五年、ホテル阪神が核テナントとして入居し、大阪の未来を託されたオスカードリーム（二二六頁の図6－3）は開業をむかえる。

他方、「新世界をなにわのブロードウェーに」という掛け声のもとで事業化されたフェスティバルゲート（通称フェスゲ、二二七頁の図6－4）は、二階から六階にわたる吹き抜けを時速百キロメートルで駆けめぐるジェットコースターなど、新奇な遊戯施設を売り物にした屋内型立体遊園地として一九九七年にオープンした。都市型遊園地という着想それ自体は、一九八九年ごろにまでさかのぼる。時あたかもバブル経済の絶頂（終末）期、通天閣のおひざもと、新世界に隣接する地理的条件が、かくも豪壮な計画を可能にしたのだろうか。

入場無料の都市型遊園地ということもあってか、開業当初は目標を上回る集客に成功していたものの、二〇〇〇年を前後するころには赤字を計上しはじめる。立体であるがゆえの狭小性に起因する遊具の少なさやリニューアルの難しさなどによって、当初の新奇性は瞬く間に色あせてしまい、二〇〇四年、開業からわずか七年目にして経営破綻した。

その後を追うように、オスカードリームも二〇〇七年に事実上破綻する。こちらもテナント入居率が伸び悩んで、十分な賃料収入を得られないまま負債ばかりがふくらんでいた。両者あわせて約六〇〇億円にものぼる負債を市が負担せざるを得ない状態にまでおちいっていたのである。事情はオーク200でもさして変わらず、総額で六〇〇億円を超える赤字を市が補償したうえで売却、唯一配当を記録したビッグステップも二〇〇七年に売却されている。

大阪テクノポートの核となるWTC・ATCとともに大阪1990を彩った土地信託事業は、いずれも信託期間の満了を待つことなく、市は配当を受けることすらほとんどなく、民間活力を活用するどころか双方で訴訟を起こすほどの「負の遺産」となりはてた。「市場性」や「実効性」は達成されず、「出会い」も「劇場性」も、「楽しさ」も「やすらぎ」も生まれず、「安心」と「信頼」を得られないまま、すべての物件が売却されて現在にいたる。当然、ダイナミック大阪が創造されることもなかった。

これが、夢見られた「大阪21世紀の都市像」の現実なのだ。

3　都市の空間構想と〈場所〉

†グローバル化時代の都市

大阪の一九九〇年代、それは規制緩和によって都市政府と金融機関とが結託し、前者からすれば打ち出の小槌のように思われた（莫大な資本を吸収する）「土地信託」を通じて特異な建造環境を創出することで、都市景観が局所的ながらも目覚ましいリニューアルを遂げた時期ということになる。

一九九〇年といえば、ミレニアムに先駆けてグローバル化言説がさかんに生産された時期にあたる。『大阪市主要プロジェクト集』と同じ一九九〇年に策定された『大阪市総合計画21』においては、「国際経済のネットワーク中枢」、「世界とともに歩む国際都市」、「情報社会への先駆的都市」など、「国際」や「世界」といった語句が全編を通じてあふれていた——逆に、西日本における管理中枢都市という位置づけからは退却した。たとえば、「国際都市として、また大阪都市圏の中枢都市としてふさわしい産業・経済基盤をはじめ高次な都市機能を強化するため、都心地域を再編・強化するとともに、テクノポート大阪計画地を中心に新都心の育成をはかります」、といったように。

だが、一九九〇年を折り返し点にして、前後の約三十年間をながめてみるならば、都市空間の視覚的な部面（景観）ともども、大阪のポジションもまた大きく変化していることがわかる。高速交通機関の発達によって、なにもかもが東京一極に集中するなかで、大阪は二重の空洞化を経験した。製造部門の流出のみならず、複数本社制を敷く企業が増加し――事実上それは本社機能の流出を意味する――、「大阪の〔経済的〕地位の対東京劣位」が強まったのである（阿部和俊「都市の盛衰と都市システムの変容」）。

なかには、「首位都市に中枢管理機能が集中する都市システムの中では、大阪の本社立地は健闘している」という見方もあるにはあったが（大阪府立産業開発研究所『大阪における企業の本社機能に関するアンケート調査結果報告書』）、さりとて中枢性が卓抜しているわけでもなく、堅固な産業基盤もない状況のなかで、もっとも納得のいく大阪の位置づけは「ローカルな大都市」にすぎない、というものであった（加茂利男『世界都市』）。

こうした地理歴史的な文脈のなかで、いまいちど大阪1990の主要プロジェクトをふりかえってみよう。輝かんばかりの目玉事業として壮大な夢を託されていた各プロジェクトの間に「有機的な結びつき」などなかったことは、もはや明らかだ。もちろん、都市政府主導の大型プロジェクトだけによって都市空間が構築されるわけではない。だが、断片的であれ未来の都市像を提示する空間構想は、後々まで多かれ少なかれ影響力をもつ。それを物質的な力といいかえてもよい。物質的な力とは、スケールの大小はあるにせよ、具体的な空間を生産する基礎構造となりうるものだ。

一九八〇年代に登場した「テクノポート大阪」計画は、三つの人工島に先端的な機能を分担させて〈新都心〉を打ち立てようとする空間構想であった。すでにみたとおり、それは二十一世紀のグローバル化社会に対応するための受け皿として準備された空間にほかならない。

他方、旧市街地（「都心地域」）では交通の結節点を中心とする大規模な再開発を通じて、都市の中枢性を担保しうる拠点の創出をはかろうとしたのだった。大阪駅周辺（梅田）、難波、天王寺（阿倍野）、さらには新大阪と弁天町の駅周辺などがこれにあたる。

これら新／旧の空間にまつわる構想で特徴的だったのは、たんに土地利用の高度化というだけにはとどまらない、〈高さ〉への志向性を露骨なまでに示していたことだ。WTCとオーク200はもちろんのこと、オスカードリームやフェスティバルゲートさえも「ランドマーク性の高い建物」が計画されていたのである。面的に土地利用の高度化をめざした阿倍野再開発の（他所の事業とくらべれば低く感じられる）〈高さ〉を代補するかのように屹立する「あべのハルカス」は、大阪におけるランドマーク建築のしんがりをつとめることになるはずなのだが、こうした〈塔《タワー》〉への意志はいったい何に由来するのだろう……。

†場所からの発想

読者のみなさんには、大阪府咲洲庁舎となっているコスモタワー（WTC）や土地信託の物件を訪れてみてほしい。ここに書いてきた以上の限界を、身をもって感じるはずだから。

たとえば、オスカードリーム（図6－3）。二〇一五年に売却された現在も、なぜか安っぽい吹き抜けばかりが印象に残る、バスターミナルを併設した商業コンプレックスであるのだが、周辺を見渡しても、〈臨海新都心〉たる「テクノポート大阪」計画の玄関口という位置づけや、舞いおりるはずだった「OSAKAの未来」を実感することはない。それもそのはずで、周辺は開発の前から工場・倉庫・集合住宅などの混在する住工混在地区であり、なによりも道向こうにはボートレース場が立地しているのだ。その西部には、貯

図6-3　オスカードリーム（撮影：藤部明子）

木場（貯水池）とその関連産業も集積するなど、臨海部固有の景観を呈している。

ニュートラムによって南北が完全に分断されているものの、ボートレース場にはそっぽを向くように建てられたオスカードリームは、周辺に開かれた空間性をまったくそなえておらず、場所性や地理歴史的な文脈とは無縁のインプラント（埋め込み）型施設と評するほかはない。「テクノポート大阪」との二地点間の関係性（アクセシビリティ）しか考慮されていなかったのだろうか。二十一世紀大阪の未来が舞い降りる舞台にしてはあまりに貧相であるし、このような閉鎖的空間が地域に根をおろすことなどできるはずもなく、ましてや「大阪の未来を先取りする地域核」として育つことなど、どだい無理な話であったろう。

同じく大阪市交通局の土地信託であるフェスティバルゲートはどうであろうか。計画段階で示された三十六階建て（百三十メートル）の住宅棟は実現せず、結果的にここも吹き抜け（遊園地）を中心にした商業空間として誕生している（図6－4）。まるで新世界には背を向けるような格好となったこの建物も、開かれているようにみえて実際には周囲と連関することのない、自己完結型のインプラント型施設であったといってよい。夢の祝祭空間を現出するはずの舞台は毀《こぼ》たれ、跡地利用として「韓流テーマパーク」などが計画されたものの、現在は大型量販店を併設したパチンコ店となっている。

図6-4　フェスティバルゲート（2002年、提供：毎日新聞社）

地下四階・地上七階建てのビッグステップも、中央に吹き抜け広場を配置した商業ビルだ。建物の正面・真ん中にこの広場があるため、空間的な開放性は担保されている。だが、ビッグステップが位置するのは、若者の街アメリカ村なのだ。自動車の通行が認められているとはいえ、休日ともなればまるで歩行者天国のように十代を中心とした若者たちが行き交い、衣料品を中心とした路面店の前には道路にまで商品がはみ出して、独特の街景を演出している。

軽食をテイクアウトできる店舗も多く、若者たちは気軽に立ち食い・歩き食いなどして、さながら縁日のようなにぎわいをみせる、街頭性の高い繁華街だ。

「周辺商業の活性化」を企図したこのインプラント型施設も、期待に応えることなく売却されて現在にいたる。この街の成り立ち、あるいは街頭性や回遊性といった特色をふまえるならば、あえて「空地」を創出するなど、フリーマーケットや音楽イヴェントに供することのできる柔軟な空間用途を計画してもよかったのかもしれない。土地利用の高度化ばかりをひたすら追求するのではなく、都市には空間の「あそび」やゆとりも必要だろう。

場所には地理歴史的な条件にもとづく個性がある。けれども、場所は「個」としてではなく、近接・遠隔を問わず他所との関係性のなかで存立していることも忘れてはなるまい。そうした場所性を一顧だにしないインプラント型の（再）開発事業は、大阪１９９０の末路を再びたどることになるのではなかろうか。

都市の空間構想には、場所からの発想が必要なのだ。

†大阪２０２５の都市像

さて、万博開催決定の興奮も冷めやらぬうちに……という文脈でしか到底理解できないことなのだが、地下鉄などの事業者である大阪メトロは、会場となる夢洲に設置する新駅の構想を発表した(『朝日新聞』二〇一八年十二月二十一日)。この構想には、カジノを中心とした統合型リゾート(IR)の設置がもくろまれていることも影響している。

それによると、地下一階・地上五十五階(高さ二百五十メートル超)のタワービルと一体化した駅で、商業・娯楽施設のほか、オフィスやホテルなどを入居させるという。これが実現すれば、高さもほぼ同じ五十五階建ての大阪府咲洲庁舎と対面して、まさにランドマーク性を誇示するツインタワーとなるはずだ。しかもWTCと同様、最上階には展望台が設置されるという。向かい合う望遠鏡で、お見合いでもしようというのだろうか。

大阪メトロは新駅の設置にあわせて、計十五の駅も地域性を参照した個性的な駅に改装する意向を示している。たとえば、新大阪駅のコンセプトは「近未来の大阪」といったように……。さらに夢洲につながる地下トンネルには、LEDライトを用いた演出を施して、「未来につながるような空間にする」のだとか。はて、あまりに既視感のある語句ばかりがならんでいるではないか。歴史に学んで、身の丈をきちんと認識することも大切なことだと思うのだが。

ゴミを埋め立ててできた夢の人工島に舞い降りる未来――大阪2025の行く末やいか

に。

終章

界隈の解体

阿倍野。これもターミナルである。国際マーケットから飛田遊廓、山王町を通りぬけてジャンジャン横丁まで、まさに驚くべき一劃である。（坂口安吾『安吾新日本地理』）

†〈界隈〉のひろがり

第1章でみたように、鍋井克之は戦前から大阪の繁華街が市街地の南端（阿倍野橋）と北端（梅田）へ移行しつつあったことを指摘し、戦後、その傾向がよりいっそう明確になったと感慨深げに記している（「京阪・新繁昌記」昭和二十二年一月）。坂口安吾が大阪を訪れたのは、その四年後のことで、阿倍野を中心とする繁華街のひろがりを、連接する「これ見よがしの淫売風景大陳列場」として捉えてみせたのだった（本書第5章参照）。

安吾の阿倍野ターミナル（国際マーケット）↓飛田遊廓↓山王町↓ジャンジャン横丁と

いう地理空間的な整序を、大阪生まれの作家である黒岩重吾は、よりいっそう丁寧に説明する。

阿倍野界隈と云っても、広い。私鉄や国鉄のターミナルになっている阿倍野ターミナル。そこから旭町の細い商店街を北に下りて行くと、赤線華やかなりし頃の旧飛田遊廓に出る。今はアルバイト料亭と名を変え、昔と同じことをやっている。旧飛田遊廓の前には、飛田大門通りがあり、そのはずれは、道路をへだてて、ジャンジャン横丁につながる。ジャンジャン横丁の先は通天閣のある新世界だ。だから、ここで書く阿倍野界隈とは、阿倍野ターミナル、旭町、飛田、ジャンジャン横丁、新世界を含めた、広い盛り場と、考えていただきたい。（『どぼらや人生』）

第5章で引用した小川竜生《おがわたつお》『極道ソクラテス』では、飛田新地からジャンジャン横丁、そして通天閣へと読者を導いたあとで、「日本一のドヤ街」たる釜ケ崎に主人公のソクラテスを華々しく登場させている。同じく写真家の砂守勝巳《すなもりかつみ》もまた、地下鉄堺筋線の動物園前駅を起点に新世界一帯の「大阪らしさ」を描いたうえで、「ドヤ（簡易ホテル）街」であり、「日本最大の自由労働市場」である釜ケ崎へと足をはこんだ（『カマ・ティダ　大阪西成』）。

「ドヤ街」を中心とした周辺空間の社会的な意味あいをことさら強調して、阿倍野界隈ではなく、釜ケ崎そのものの界隈性としてひろく捉えるのが、そこに暮らした寺島珠雄の立場である。寺島は黒岩の文章を引きつつ（なぜか飛田だけが抜け落ちている）、傍点をふった引用部の冒頭を「釜ケ崎界隈」に改変しても、この空間的な定義は十分に通用する、と考えていたのだ（『釜ヶ崎語彙集1972-1973』）。

彼は釜ケ崎銀座とその周辺を伝統的／中心的な釜ケ崎と位置づける一方、〈釜ケ崎〉的なる空間は「拡散傾向」にあるとし、黒岩の「阿倍野界隈」を「釜ケ崎界隈」と置き換えてみせた。それは、日々の労働を通じて労働者が釜ケ崎に持ち帰る現金の消費される範囲にほかならない。

食と住という観点からみた場合、住は当然ながらドヤが中心となる。そのドヤの集積地をコアに、主として食にまつわる生活空間の総体、それが寺島の描く「釜ケ崎界隈」であった。鉄道駅のある天王寺・阿部野橋から飛田遊廓へおりていく専用道路のような旭町を、寺島は界隈ではいちばん外縁の空間として例示する。両側には間口の狭い小料理屋が建ち並び、厚化粧の女たちが客を引いた。こうした旭町や新世界など、特色ある場所によって釜ケ崎は外周を縁どられていたわけだ。

書き手は寺島でないけれども、次のような記述も面白い。

能登屋　銀座通りを北に突き抜けてガードを潜り、浪速区の恵美小学校の南東にある大衆食堂。……〔略〕……ホルモンうどんを商う店ではここが一番北にある。即ち釜ケ崎の北の端ということだ。

（『釜ヶ崎語彙集1972－1973』）

場所に密着した食文化も釜ケ崎の空間性を表象していた。

†再開発による分断

寺島珠雄らが「釜ケ崎界隈」の外縁空間として位置づけた旭町——「阿倍野区阿倍野〔筋〕一丁目（近鉄デパート向い側）から西成区山王町四丁目に至る下り坂の細長い曲折した商店街」（『釜ヶ崎語彙集1972－1973』）——は、街路の形状も、そして往時の実態も失われてひさしい。一九六九年の都市再開発法を受けて事業計画が起こり、一九七六年に着工、結果として四十年以上の歳月を費やすことになる用地買取方式の「阿倍野地区第二種市街地再開発事業」を通じて、段階的かつ劇的に地区の建造環境が改変されてきたからだ。

図 E-1　あべのキューズタウン

高層の住居棟が先行して建設されたなか、南に「あべのルシアス」（一九八七年）、北に「あべのベルタ」（一九九八年）という大型施設が立地し、二〇一一年四月、最後まで取り残された計画地区内東部の広大な事業区域に東急不動産の手がけたショッピングモール「あべのキューズタウン」がオープンしたことで、多大な負債を生んだ事業も、ようやくにして結着をみた。「あべのキューズタウン」一帯は、もとは「あべの銀座」と称された商店街、すなわち『釜ヶ崎語彙集』にいうところの旭町をエントランスとする木造家屋（店舗）の密集地区で、闇市や「青線地区」を思わせる路地の入り組んだ景観が、二〇〇〇年代なかばまで残存していた。大手百貨店のそごうを核店舗とする六十三階建て（！）のビル建設を計画しながら頓挫するなどの紆余曲折もあったが、最終的には東急不動産を開発主体とする再開発が実行される。闇市／青線的な既存の建造環境を更地にし、当該の土地空間上に姿をあらわしたのが「あべのキューズタウン」である。

寺島珠雄は一九九九年に亡くなっているので、再開発の結末を目にしていない。だが、この事業の計画段階で、彼は「釜ケ崎界隈」の解体をある意味で予言していた。すなわち、この空間構想は「釜ケ崎を西の坂下に封じこめて半永久化しよう」とするものだ、と喝破していたのだから。

言い方を換えるならば、上町台地上の「旭町」と崖下の山王町から釜ケ崎の核に至る一帯との空間的連関を断ち切る事業、それが彼の目に映る阿倍野再開発なのであった。

†モール化する阿倍野

二〇一四年三月、超高層ビルの「あべのハルカス」が全面開業する。その南側には「あべのHoop」（二〇〇〇年）、「あべのand」（二〇〇八年）がすでに立地しており、さらにあべの筋を挟んで「あべのキューズタウン」がつづいたことで、結果として、大阪環状線以南のあべの筋東西には、ひじょうに高度な商業集積の空間が形成された。

わたしが初めてこの地区を訪れたのは、一九九〇年代前半のことだ。九〇年代を通じて、あるいは「あべのHoop」が開業してなお、周辺では連れ込み宿も営業をつづけているなど、あべの筋に沿った表通りを除けば、どちらかといえば裏町的な要素が色濃く残る地区であった。

時間差のある大型商業施設の立地は、周辺にどのような影響を及ぼしたのだろう。現在もラブホテルや風俗営業が点在しているとはいえ、裏町らしい妖しさは払拭されつつあるようにみえる。周辺では、住宅の更新も著しい一方で、駐車場などの一時的な土地利用や空地もふえた。

ハルカスを戴く近鉄百貨店、Hoop、そしてandがほぼ南北に縦列し、あべの筋をはさんだ西側にはキューズタウンが誕生したことで、集客力は格段に高まっただろう。まるでそれらは、一体となってひとつのショッピングモールを構成しているかのような、そんな印象すら受ける。事実、近鉄百貨店の一階部分からHoopへ抜け、そのまま歩を進めると、Loftの入居するandまで、ほぼ一直線で移動することも可能だ。来街者の足どりは、キューズタウンに河岸をかえることはあっても、外へ逸れてゆくことはまずない。

とはいえ、この手の商業施設にありがちなことだが、内部のきらびやかに演出された空間とは異なり、周囲にはまったく関心を示さない、はりぼてのような無愛想きわまりない外観は、殺風景ですらある。

多彩な小売店・飲食店をひとつ屋根の下にパッケージした自己完結的な建築空間としてのショッピングモール、それらが複合して強度な構造的一貫性を備えたあべの筋北端の商業空間は、はたして鍋井克之の思い描いた繁華街の未来像を具現しているのだろうか。安吾のいう「ターミナル」性も、黒岩重吾や寺島珠雄のいう「界隈」性も、もはや通用しないということだけはたしかなようだ。

†小野十三郎の足どり

小野十三郎に「百番」と題された詩がある。その前半だけを抜粋してみよう。

　きょうは
地下鉄で行かずに

歩いて上から行くか。
旭町商店街を下って行くか。
「労務者渡世」の寺島の部屋や
「サルートン通信」の向井の事務所がある
非暴力直接行動の街区へ。
今夜だったな
忘年会、「百番」であるのは。
〔後略〕

「百番」とは、「飛田百番」とも通称される、飛田新地内の料理屋「鯛よし百番」をさす。大正期建造の豪奢な貸座敷を転用した、驚くべき店舗だ。テーマ性を持った各室内については、上諸尚美《かみもろなおみ》の写真集『飛田百番　遊廓の残照』をご覧いただきたい。

この詩には百番の宴会におもむく際の心情が詠まれているわけだが、ここでは仮想された行程――小野十三郎の足どりと語り――に寄り添いながら、阿倍野／釜ケ崎界隈をめぐる空間誌として読んでみたい。

阿倍野区阪南町に暮らした小野が地下鉄をつかうとすれば、御堂筋線ということになるだろう。二戸一《にこいち》の長屋に今もそのままに表札が残る彼の自宅から最寄りの昭和町駅まで、徒歩で十五分とはかからない。谷町線の文の里《ふみのさと》駅も近傍にあるが、昭和町駅へは一本道である。昭和町駅から乗ると、天王寺駅で下車するよりも、動物園前駅まで乗り越したほうが、歩く距離としては短い。

だが、この年の忘年会へは「歩いて上から行く」という。自宅からあべの筋へ出て、(阪堺電気軌道上町線を利用することなく) ひたすら北上するつもりなのだ。この詩は一九八〇年発行の詩集『環濠城塞歌』に収録されているので、一九七〇年代後半の詩作となるだろうか。すでに阿倍野の再開発ははじまっていたはずだ。木造家屋の密集する再開発予定地を横目にみつつ、飛田百番へのアプローチとして彼が選んだのは「旭町商店街」であった。興味が持たれるのは、まさにこの点である。

地下鉄御堂筋線をつかうにせよ、歩くにせよ、南北に移動する彼の行程では、飛田百番を通り越してしまう。徒歩の場合にかぎってみれば、あべの筋を北上し、かつて南海鉄道平野線の敷設されていた阿倍野墓地北側の道路から飛田新地へとはいるほうが、距離的にははるかに近い。あえて遠回りをしてまで通ろうとしたのが、「旭町商店街」なのだ。阿倍野／釜ケ崎を〈界隈〉として空間的に経験している者たちの足どりは、おのずと旭町の曲折した街路をたどるのだろう。

前述のとおり、旭町商店街は街路の形状ともども、もはや跡かたもない。ただひとつ、場所の記憶をとどめているのは、あべのルシアスのかたわらに残された「旭通（阿さひ通）」の石碑だろうか。側面には「大正七年三月」と刻まれている。同年六月に飛田遊廓の貸座敷の一部が竣工、年末に開廓することを思い起こさずにはおれない。そもそものはじめから、崖下の飛田への通行路であったのだ。

往時の旭町商店街を模したとおぼしき「あべのマルシェ商店街」を抜けていくと、西成区との行政界でもある崖縁に降り立つ。小野のめざす「崖下の『百番』」も、そして「私のねぐらは釜ケ崎の東のはずれ、崖下の路地にある」（『私の大阪地図』）という寺島珠雄のアパートも、上町台地の「西の坂下」に位置していた。

「百番」から省略して引用しなかった後半部には、「上から廻って／三角公園も通りぬけてくるか」というくだりがある。釜ケ崎銀座の南端に位置する通称「三角公園」を一目のぞいてから百番へゆこうというわけだ。小野十三郎の足どりは、ふたたびわたしたちに阿倍野／釜ケ崎の界隈性を想起させるものがある。強烈な個性を有する場所の連接する一帯、いや各々の場所性が周囲ににじみ出てうろこ状に重なりながら色合いを変えていく空間的ひろがりを捉えて、黒岩重吾や寺島珠雄は「界隈」と称していたというべきか。そしてもちろん、界隈を界隈として成り立たせているのは、生活者や小野のような来街者の足どりと語りなのであった。

†界隈の行く末

さて、詩「百番」からは四十年近くの歳月がたとうとしている。台地の上には「あべのハルカス」が屹立し、再開発事業も完了した。崖下の飛田新地は、この時代にあってなお活況を呈している。大門から新世界へ通ずるアーケード商店街を行き交う人も自転車も、それなりに多い。

山王町の建物更新は遅々としているものの（寺島珠雄の下宿したアパートも現存する）、新築された低層の集合住宅もふえつつある。ジャンジャン横丁はその狭隘性《きょうあいせい》もてつだって、休日の昼下がりともなればインバウンドを含む観光客でごった返す。朝の九時台から立ち呑みをしているのは、きっと地元の常連さんだろう。

新世界は「串カツ」一色といったら言い過ぎだけれども、ブームはしばらくつづきそうだ。フェスティバルゲートは除去されてひさしいが、今度は新今宮駅北側の空地に高級リゾートホテルで知られる企業の大規模な都市型ホテルが開業するという。地域への影響はさまざまに推し測られているなか、同社の公式ウェブページをのぞいてみると「大阪の食文化を感じられるレストランやカフェテリア」など、「大阪の歴史や文化に触れられるご当地感あふれるサービスを予定して」いるとある。そんなことは街へ出て楽しめばすむことではないか、と独りごちてしまうのはわたしだけだろうか……。

寺島珠雄が呼ぶところの釜ケ崎の「核」もまた変わりつつある。労働者の数は激減し、寄せ場／ドヤ街として存立しつつも、機能面からすれば明らかに縮小している。そのなかで、ドヤを転用した観光者向けのホテルが隆盛し、住空間をベースにした福祉の取り組みも展開されてきた。立地こそ不動であれ、移ろう空間諸関係のなかで社会的な位置どりは変わりゆく。それに応じて、この界隈もまた変転してゆくのだろう。

ここまでみてきたとおり、あらゆる場所が押し均《なら》されて、その個性を喪失——没場所化——しているわけではけっしてない。脆弱な面をもちあわせながらも、ときには強く、あるいはしなやかに場所の特性が把持されているのだ。そこには、歴史的な用途、集合的な記憶、あるいは居住者ないし来街者の空間的な経験・実践を通じて、ゲニウス・ロキの力とは異なる靭性《じんせい》が備給されているかのようだ。

都市には可視／不可視のさまざまな分断線がある。開放性と節度ある寛容とを前提しつつ、想像力をたくましくして近接／遠隔を問わずに空間を切り結ぶならば、場所をひとつの価値や機能に切り縮めることのない界隈の新しいありかたもみえてくるだろう。没／脱場所化しがちな空間構想に〈場所〉を再定位する針路は、大阪の現実の都市空間のなかにはっきりと示されているように思われるのである。

あとがき

わたしが初めて大阪を訪れたのは、一九九三年六月のことです。富山大学人文地理学教室の仲間たち十三名と、人文地理学実習Ⅲという科目名の巡検に参加したのでした。天王寺駅北側のH荘という素晴らしい旅館を拠点にした五泊六日にわたるフィールドワークは、「社会地理学の実践」を看板に掲げる教室だけに、じつに特色ある場所ばかりを選んで実施されました。

そのときの報告書をみると、地区形成が近代にまでさかのぼる「住商工混在型」の都心周辺部（＝インナーシティ）を中心とした行程が設定されています。一日目のテーマ（フィールド）は「西淀川重工混在地帯」と神戸市長田区、二日目は門真市・豊中市の「木賃アパート密集地区」、三日目は「不良住宅改良アパート」、「邸宅長屋地区／郊外住宅地区」、四日目は「阿倍野再開発事業地区」、「釜ケ崎」といった具合なのでした。

何日目のことだったでしょう、（当時）大阪市立大学の院生であった故・丹羽弘一さんに連れられて、釜ケ崎銀座の食堂で昼飯を食ったことは今でも忘れられません。それぞれ二品くらいのおかずをショーケースから選び、もう時効だろうから書いてしまうけど、ビールの満をひきながら、熱く釜ケ崎を語る丹羽節に耳を傾けたのでした。その日の夕食後、同級のIくん、先輩の故・Oさんらと連れ立って飛田新地のナイトスケープを目にしたことも思い出されます。この日の経験が、その後のわたしの研究の方向性を決めたといっても過言ではないでしょう。巡検中、在日韓国・朝鮮人問題学習センター、阿倍野再開発事務所、リバティおおさか、釜ケ崎資料センターといった機関を訪問したことも記録にはありますが、もはや記憶にないところもあります。

あれから二十五年以上もたつというのに、いまだわたしはあの時と同じ場所を歩きつづけていることになるわけですね。それだけ強烈な出逢いであったというほかはありません。街を歩けば空間と景観の変化を実感しつつ、そのたびごとに新たな発見があることに惹かれつづけているのだと思います。いまのたのしみは新世界の酒場で昼酒することですが、まだまだほかにも歩くたのしみをみつけることができそうな気もします。関心のある読者の方は、ぜひご一緒に。

末筆ながら謝辞を。本書の生みの親にして、最初の読者、さらには名付け親になるであろう、じつに寛容で忍耐強い担当編集者の河内卓さんに感謝します。本書のもとになるアイデアは、大阪ガス株式会社エネルギー・文化研究所主催の都市魅力シリーズ「エネルギー・文化講座　2015」で報告し、参加された方々から多くのご意見をいただきました。また同じころ、友人の原口剛さんに助言をいただき、骨格をかためることができました。資料の収集とフィールドワークにあたっては、JSPS科研費（16H01965）を使用させていただいております。第1章の地図二枚を森田耕平さんに作製していただき、現在の景観写真を藤部明子さんに撮影していただきました。本当にありがとうございました。

そして最後、漫歩を通じてこの素敵な都市の空間経験をともにした、学生・卒業生をはじめとする、すべての皆さんに多謝！

二〇一九年二月

加藤政洋

主な引用・参考文献

朝日新聞社編『アサヒ写真ブック37　大阪』朝日新聞社、一九五六年。

朝日新聞社社会部編『大阪・いまとむかし』中外書房、一九六七年。

阿部和俊「都市の盛衰と都市システムの変容」(阿部和俊・山﨑朗『変貌する日本のすがた』古今書院、二〇〇四年)。

生田武志『釜ヶ崎から──貧困と野宿の日本』ちくま文庫、二〇一六年。

石川栄耀「郊外聚落結成の技巧」(『都市公論』第十三巻十号、一九三〇年)。

石川栄耀『都市動態の研究──愛知県五市を資料として』郷土科学パンフレット(郷土教育連盟刊、刀江書院発売)、一九三二年。

石川栄耀「人文地理的角度から──都市力学の演習」(『都市公論』第十五巻六号、一九三二年)。

伊勢戸佐一郎「大阪市内主要問屋街(昭和一四年はじめ)」(南博編『近代庶民生活誌　第七巻』三一書房、一九八七年)。

井上理津子『さいごの色街　飛田』筑摩書房、二〇一一年。

今木善助・伊勢戸佐一郎『銘木濱日記』東方出版、一九八九年。

宇野浩二『大阪』小山書店、一九三六年。

大阪市(大阪都市協会編)『大阪市主要プロジェクト集』大阪都市協会、一九九〇年。

大阪市建設局西部方面管理事務所(津守下水処理場)『TSUMORI SEWAGE TREATMENT PLANT』、

二〇一二年。

大阪市市長室企画部総合計画課編『大阪市総合計画21――人間主体のまち、世界に貢献するまちをめざして』大阪市市長室企画部総合計画課、一九九〇年。

大阪市総合計画局編『大阪市総合計画／基本構想１９９０』大阪市総合計画局、一九六七年。

大阪市総合計画局編『大阪市総合計画１９９０』大阪市総合計画局、一九七八年。

大阪市都市環境局『津守下水処理場』二〇〇六年。

大阪市都市整備局編『大阪駅前市街地改造事業誌』大阪市都市整備局、一九八五年。

大阪地下街株式会社編『大阪地下街30年史』大阪地下街株式会社、一九八六年。

大阪府『大阪百年史』大阪府、一九六八年。

大阪府内務部商工課『食料品市場調』一九一九年。

大阪府立産業開発研究所『大阪における企業の本社機能に関するアンケート調査結果報告書』(産開研資料No.88)、二〇〇四年。

大阪「平成京」委員会・嶺竜一『大阪に「平成京」を創る――大阪駅北ヤード開発プロジェクトで大阪経済の再生を!』ダイヤモンド社、二〇〇六年。

小川竜生『極道ソクラテス』光文社文庫、二〇〇〇年。

織田作之助「わが町」(『織田作之助全集　3』講談社、一九七〇年)。

織田作之助「神経」「世相」「大阪の女」(『織田作之助全集　5』講談社、一九七〇年)。

織田作之助「大阪発見」「大阪論」「大阪の顔」「東京文壇に与う」「起ち上る大阪――戦災余話」「永遠の新人――大阪人は灰の中より」(『織田作之助全集　8』講談社、一九七〇年)。

小野十三郎『千客万来』秋津書店、一九七二年。

小野十三郎「大阪」(『小野十三郎著作集　第一巻』筑摩書房、一九九〇年)。

小野十三郎「百番」(『小野十三郎著作集　第二巻』筑摩書房、一九九〇年)。

開高健『日本三文オペラ』新潮文庫、一九七一年。

加藤政洋『大阪のスラムと盛り場——近代都市と場所の系譜学』創元社、二〇〇二年。

加藤政洋『花街——異空間の都市史』朝日選書、二〇〇五年。

株式会社阪急阪神百貨店「阪神百貨店のあゆみ」(https://www.hankyu-hanshin-dept.co.jp/ayumi_hs.html〔2018年10月8日最終閲覧〕)。

加茂利男『世界都市——「都市再生」の時代の中で』有斐閣、二〇〇五年。

岸政彦『ビニール傘』新潮社、二〇一七年。

岸本水府「京阪神盛り場風景」(酒井眞人・岸本水府『三都盛り場風景』誠文堂、一九三二年)。

北尾鐐之助『近代大阪』創元社、一九八九年(原著は一九三二年)。

北新聞社編『北区勢大鑑　1953年版』北新聞社、一九五三年。

黒岩重吾『どぼらや人生』講談社文庫、一九七三年。

黒阪雅之『今里新地十年史』今里新地組合、一九四〇年。

酒井義雄「探訪記的に描いた——千鳥橋・四貫島」(『大大阪』第八巻十一号、一九三二年)。

坂口安吾『安吾新日本地理』河出文庫、一九八八年。

司馬遼太郎「丼池界隈」(『司馬遼太郎短篇全集　第一巻』文藝春秋、二〇〇五年)。

柴崎友香「意識の底にすり込まれた風景。これは、『もう一つの大阪』だ。」(『大阪地下街本(ぴあMOOK関西)』ぴあ株式会社関西支社、二〇一三年)。

清水進一編『大阪金物団地十年の歩み』大阪金物問屋近代化協同組合、一九七三年。

白波瀬達也『貧困と地域――あいりん地区から見る高齢化と孤立死』中公新書、二〇一七年。

杉坂圭介『飛田で生きる　遊郭経営10年、現在、スカウトマンの告白』徳間書店、二〇一二年。

杉原達『越境する民――近代大阪の朝鮮人史研究』新幹社、一九九八年。

砂守勝巳『カマ・ティダ　大阪西成』アイピーシー、一九八九年。

平良盛吉『関西沖縄開発史――第二郷土をひらく』日本民主同志会、一九七一年。

寺島珠雄『私の大阪地図』たいまつ社、一九七七年。

寺島珠雄『釜ヶ崎　旅の宿りの長いまち』プレイガイドジャーナル社、一九七八年。

寺島珠雄編著『釜ヶ崎語彙集1972-1973』新宿書房、二〇一三年。

トゥアン、イーフー『トポフィリア　人間と環境』小野有五・阿部一訳、ちくま学芸文庫、二〇〇八年。

徳尾野有成『新世界興隆史』新世界興隆史刊行会、一九三四年。

土佐昌樹「都市と地下街」(『歴史手帖』第一四〇号、一九八五年)。

富岡多惠子「解説」(同編『大阪文学名作選』講談社文芸文庫、二〇一一年)。

鍋井克之「京阪・新繁昌記」「ターミナル南北盛り場」「大阪の顔『南』」(『鍋井克之随筆集閑中忙人(ひまでいそがしいひと)』朝日新聞社、一九五三年)。

鍋井克之『大阪繁盛記』布井書房、一九六〇年。

西本裕隆『飛田新地の人々　関西新地完全ガイド』鹿砦社、二〇一六年。

ハーヴェイ、デヴィッド『ポストモダニティの条件』吉原直樹監訳、青木書店、一九九九年。

橋本健二・初田香成編著『盛り場はヤミ市から生まれた』青弓社、二〇一三年。

林芙美子『めし』新潮文庫、一九五四年。

原口剛・稲田七海・白波瀬達也・平川隆啓編著『釜ヶ崎のススメ』洛北出版、二〇一一年。

原口剛『叫びの都市――寄せ場、釜ヶ崎、流動的下層労働者』洛北出版、二〇一六年。

伴源平編『大阪名所獨案内』柳原喜兵衛・北村孝治郎・此村彦助、一八八二年。

日限満彦『アメリカ村のママ　日限萬里子』小学館、二〇〇七年。

藤沢桓夫「大阪の散歩道」「大阪の顔」(『大阪の人』光風社書店、一九七四年)。

藤田綾子『大阪「鶴橋」物語　ごった煮商店街の戦後史』現代書館、二〇〇五年。

ベンヤミン、ヴァルター「モスクワ」『ベンヤミン・コレクション3　記憶への旅』浅井健二郎編訳/久保哲司訳、ちくま学芸文庫、一九九七年。

堀晃「梅田地下オデッセイ」(有栖川有栖編『大阪ラビリンス』新潮文庫、二〇一四年)。

本渡章『続々・大阪古地図むかし案内――戦中~昭和中期編』創元社、二〇一三年。

牧村史陽『大阪ガイド』東京法令出版、一九六一年。

牧村史陽編『大阪ことば事典』講談社学術文庫、一九八四年。

水内俊雄・加藤政洋・大城直樹『モダン都市の系譜――地図から読み解く社会と空間』ナカニシヤ出版、二〇〇八年。

宮本又次『キタ――中之島・堂島・曾根崎・梅田――風土記大阪Ⅱ』(ミネルヴァ・アーカイブズ)ミネルヴァ書房、二〇一三年(原著は一九六四年)。

山崎豊子「船場狂い」(富岡多惠子編『大阪文学名作選』講談社文芸文庫、二〇一一年)。

梁石日「今里新地」(梁石日の大阪曼陀羅第8回)(『週刊宝石』二〇〇一年一月二五日号)。

吉富有治『大阪破産』光文社ペーパーバックス、二〇〇五年。

ルフェーブル、アンリ『「五月革命」論　突入――ナンテールから絶頂へ』森本和夫訳、筑摩書房、一九六九年。
『大阪ガイド』昭和三〇年六月号、瑞穂観光、一九五五年。

※本書に写真を掲載した加藤藤吉氏の著作権継承者の方を探しております。連絡先について、お心当たりのある方は、筑摩書房までお知らせいただけましたら幸いです（弊社ホームページ http://www.chikumashobo.co.jp/contact/、電話０３－５６８７－２６９３）。お力添えの程、何卒よろしくお願い申し上げます。（筑摩書房編集部）

ちくま新書
1401

大阪《おおさか》
——都市《とし》の記憶《きおく》を掘《ほ》り起《お》こす

二〇一九年四月一〇日　第一刷発行

著　者　加藤　政洋（かとう・まさひろ）

発行者　喜入冬子

発行所　株式会社　筑摩書房
東京都台東区蔵前二―五―三　郵便番号一一一―八七五五
電話番号〇三―五六八七―二六〇一（代表）

装幀者　間村俊一

印刷・製本　株式会社　精興社

ISBN978-4-480-07217-7 C0225